上海家长学校
中小学生心理健康教育系列丛书 | 孙晶 主编

寓教于乐也能称心如意

吕沁融 著

上海人民出版社
上海远东出版社

图书在版编目（CIP）数据

寓教于乐也能称心如意/吕沁融著. —上海：上海远东出
版社,2023
（中小学生心理健康教育系列丛书 / 孙晶主编）
ISBN 978 - 7 - 5476 - 1958 - 2

Ⅰ. ①寓…　Ⅱ. ①吕…　Ⅲ. ①心理健康－健康教育－
中小学－教学参考资料　Ⅳ. ①G444

中国国家版本馆 CIP 数据核字（2023）第 198339 号

责任编辑　祁东城
封面设计　李　廉

本书由上海开放大学
家庭教育教材开发与出版项目资助出版

中小学生心理健康教育系列丛书
寓教于乐也能称心如意
吕沁融 著

出　　版　上海远东出版社
　　　　　（201101　上海市闵行区号景路 159 弄 C 座）
发　　行　上海人民出版社发行中心
印　　刷　上海信老印刷厂
开　　本　890×1240　1/32
印　　张　5.875
字　　数　113,000
版　　次　2023 年 12 月第 1 版
印　　次　2023 年 12 月第 1 次印刷
ISBN 978 - 7 - 5476 - 1958 - 2/G・1192
定　　价　48.00 元

中小学生心理健康教育系列丛书

编 委 会

随着经济的飞速发展和社会生活水平的普遍提高，人们的物质生活需求日益得到满足，全社会关于健康的观念也发生了很大变化。《国务院关于实施健康中国行动的意见》（以下简称"《意见》"）中，把国民的心理健康提到了与身体健康同等重要的地位。《意见》进一步明确了个人与社会的关系和心理建设与社会建设的关系，呼吁全社会采取切实行动，并提出了考核要求。其中，青少年的心理素质因为关系到民族的振兴和国家的未来，更是备受关注。

对于青少年的成长发展来说，心理健康教育是提高中小学生心理素质的重要一环，是素质教育的重要内容。中小学生正处在身心发展的重要时期，随着生理、心理的发育和发展，社会阅历的扩展及思维方式的变化，特别是面对社会竞争的压力，他们在学习、生活、人际交往、升学就业和人格完善等方面会遇到各种各样的心理问题。因此,全面开展中小学生心理健康教育,是学生健康成长的需要,也是推进素质教育的必然要求。

为了在"十四五"期间全面落实中小学生心理健康工作,2021年7月,教育部及相关部门相继推出各项重要政策:教育部办公厅发布《关于加强学生心理健康管理工作的通知》,在强调建设校园心理教育健康体系的同时,明确提出"增强学校、家庭和社会教育合力"的要求,规定"在家长学校、社区家长课堂中将青少年发展心理学知识列为必修内容",防止因家庭教育不当造成的孩子心理问题;中央宣传部、中央文明办等部门联合印发《关于进一步加强家庭家教家风建设的实施意见》,提出"推动社会主义核心价值观在家庭落地生根","引导家长强化主体责任,注重品德教育和心理健康教育,加强家庭文化建设,遵循儿童成长规律,用正确行动、正确思想、正确方法教育孩子养成好思想、好品行、好习惯,培养担当民族复兴大任的时代新人"。

家庭不只是人们生存所依的场所,更是心灵所养的土壤。

为了回应社会关切,响应国家号召,我们特推出了本套"中小学生心理健康教育系列丛书"。本丛书围绕"加强家庭教育建设,全面提升中小学生心理素质"的总体目标,充分体现"教育是一项激荡心智、沐浴灵府、贞立人格、彰显个性的活动",通过在家庭范围内普及教育学、心理学原理,结合传统文化、哲学、美学、社会学、生物学等综合知识,构建和谐心灵家园,构筑向上向善的家庭人文环境,引导学生、家长构建双向养育、共同成长的互爱、互助、互敬关系。

关于丛书的写作思路,我们希望能够以"深入浅出、寓教于乐"的方式激发个体内驱力,抓住时代进步的发展性,遵循社会伦理的普适性,注重理论知识与实际操作的关联性,不仅给予孩子成长宽厚的人文滋养,同时观照现代家长的精神修养,构建自我觉醒、关爱亲情、终身学习、绿色生态相融合的"和谐心灵家园"。

在作者的组织上,我们特地邀请了奋斗在基础教育一线的心理教师,有丰富教育经验的艺术工作者,有社会学与健康教育背景的高校教师,以期集结教育、心理、文史哲方面专家团队,通过不同的视角,为家长与孩子的沟通提供宝贵的知识与对策,共同实现丛书的教育总体目标。

本丛书从认识中小学生心理现象与规律、开拓启智增信路径、重视人生理想规划、构建和谐亲子关系、分析常见心理问题等方面展开论述,通过对知识原理、场景设计、案例分析、指导意见等板块的精心设计,让家庭心理教育内化于心、外化于行。

在快节奏发展的时代,更需要给尚未成熟的青少年养护心灵的时间。《走进孩子的内心世界》一书,从当今中小学生遇到的普遍烦恼切入,结合心理学基本原理,帮助家长与学生认知日常生活中的各种心理现象,以及背后所蕴藏的心理发展规律,帮助家长与学生共同面对心理问题,探索内心世界。

少年时期的主要任务是学习。学校是青少年学习文化科学知识的主课堂,但家庭才是他们人格形成的第一课堂,父母才是他们人生的第一位老师。此外,要塑造健全的人格,还必须适时了解社会、适应社会。为了担负起第一位老师的职责,年轻的家长一定要掌握寓教于乐的教育方法,循循善诱,让孩子们在潜移默化中形成健康的心理,以便将来顺利地融入社会,成为有益于社会的人。

《寓教于乐也能称心如意》一书通过阐述德育、美育、劳动教育在中小学生心理意识形成中的重要意义,指导家长在学校课堂教学以外,合理利用身边资源增强学习氛围,如参与运动、艺术、烹饪、种植等社会实践,前往博物馆、美术馆、历史遗迹等场所充实课外知识,丰富学习方法,提高生活乐趣,于无形中帮助孩子提升学习兴趣、探索精神、责任意识,起到调节情绪、启智增信的教化作用。

在家庭教育中,如何处理好亲子关系无疑是十分重要的。《和孩子共同成长》一书聚焦社会关注的中小学生心理健康问题,归纳提炼具有时代精神与实际意义的心理话题,通过案例的分析与解读,为家长提供具有普遍性、代表性的青少年心理行为问题的认识、预防、干预方法,普及心理服务体系,提供心理建设多元视角。与此同时,引导家长科学看待心理健康问题,帮助学生克服精神压力与恐惧心态,共同参与到心理健康关爱行动之中。

每一个生命都是独立的个体,不论是在亲子关系还是社会人际交往之中,都需要充分尊重彼此的人格独立性,才能更好地构建稳固、长远、和谐的关系。

本套丛书以爱的教育为切入口,将家风建设与文明社会建设相结合,深入探讨父母的人格显现在孩子生命成长过程中的重要引导作用,以关爱自身、尊重生命、追求美好为理念,揭示亲子沟通之道。

陪伴有你,成长有爱。

　　愿每一个孩子都能够顺利度过心理上的断乳期,为进入成年社会,承担更多的社会责任奠定坚实的心理基础。

　　愿每一位家长都能够与孩子顺畅交流,实现有效沟通,增强彼此之间的相互理解,共同谱写家庭的和谐之声。

　　愿每一个家庭都能通过这套丛书有所受益,让小家之美融入大家,形成独立自主、仁爱互助的美好社会风气。

王伯军

2023 年 10 月于上海

生之本能

——揭示"乐"的奇妙驱动力

与大自然所有做父母的生物一样，人类教育孩子的目的之一，就是教会他们如何更好地生存。通过教养关系中的绝对信任，帮助孩子在一次又一次的小挫折中，锻炼出强大的生存能力，而这种生存能力，既有思维上的，也有生理上的，更有心理上的，在长期的教养关系中完善这些孩子必备的综合实力，以便他们有一天脱离照看，仍然能够独立、幸福地生存下去——这就是每一个家长的使命。

相比自然环境中的生存竞争，我们人类社会的竞争需要具备更多的生存能力，我们在漫长的演化过程中，学会了和自然万物共生，学会了和人互助与合作，建立了庞大的社会生产供给结构，形成了人类意识参与的生态人文环境。人类是最好学的生物，不断地汲取新知、探索未知世界、创新生存技能，并通过代代相传的方式，将这些宝贵丰富的经验积累升华，形成了蔚为壮观的教育网络和文明脉络。而驱动这一伟大创举的核心动力常常被大家所忽视，那就是快乐。

不得不说，人类是最会想方设法给自己创造"快乐"这种特殊情绪的生物，甚至为了获得设想中的"快乐"可以先忍受短暂的"不快乐"，比如：人们从小就被教育通过辛苦耕耘来获得丰收的快乐，十年寒窗苦读为了获得"一朝登科"的成就感，积极应对挫败证明自我价值……从生理到心理，人们学会了情绪能量的置换与升华，为了达到心目中更高级别的"快乐"所做出的改变与努力，创造了一个又一个奇迹，甚至改变了世界。而在改变世界的过程中也改变了我们自己，渐渐地，不断追求便成为了我们前进的动力。

关于持续创造"快乐"的内驱力，古今中外，很多名人圣贤从情绪管理与身心平衡的角度进行了归纳与阐述。晚清重臣曾国藩所著《冰鉴》开篇指出人之"神骨"尤为重要，是人格修养"开门见山第一事"，关乎命运，并且会在长久的发展中，自内向外表露出来，曰"脱谷为糠，其髓斯存，神之谓也。山骞不崩，唯石为镇，骨之谓也"，揭示"内圣外王"的关键：内心丰富和情绪稳定。

《巴菲特给儿女的忠告》中写到，有生之年，一边拥有，一边清零。每天做好一个情绪稳定的成年人。不要因为别人一句话，夺走了你今天的快乐。

洛克菲勒写给儿子的38封信中第36封《充实你的心灵》写到，那些生活在沮丧、消极、失败、忧郁中的人随处可见，他们真正需要的是精神的洗礼与滋养,而不是物质的迁就与安慰……引领人们爬向高峰的动力,是一种定期滋润与强化的心灵,心灵和身体一样,必须定期吸收营养,才能具备日趋旺盛的驱动力。

如今,国内外教育界越来越关注持续的内在驱动力对于教育的重要性,积极教育已成为新的趋势,让孩子拥有更多正向情绪管理能力,在日后的压力与挑战中,具备抗压、自我认知、自我疏导、积极应对、克服困难、争取主动等"内功",在短暂的陪伴成长与教养时光中,让孩子体会更多"快乐"的同时,教会他们获取"快乐"的多元途径,在他们幼小的心灵中埋下一颗颗持续创造"快乐"的种子,这是当今家长需要认真思考的一件事。

本书拟通过三章九节的设计,分设不同场景下的家庭教育形态,以"原理十案例"的形式,分析德育、美育、劳育在中小学生心理意识形成方面的重要意义,指导家长在学校课堂教学以外,合理利用身边资源增强学习氛围,如参与运动、欣赏艺术、体验烹饪、感受种植等社会实践,参观博物馆、美术馆、历史遗迹等课外活动场所,引导家长将"寓教于乐"的教育理念贯穿于生活、学习、待人、处事等各方面,丰富家庭教育方式方法,于无形中帮助孩子提升学习兴趣、生活情趣、探索乐趣,培养其强大的情绪调节能力与自我完善能力,帮助他们在未来生存遇到困难、生活遇到挫折的时候,内心可以调用源源不断的能量,让自己获得动态的身心平衡和真正的"快乐"。

吕沁融

2023 年 8 月 28 日

目录

第一章　家的意义——现代家庭是孩子情感与能量的源泉

第一章

家的意义

现代家庭是孩子情感与能量的源泉

　　近年来，在现代教育理念的普及下，孩子的独立成长与身心健康，都成为社会热点，家长也越来越明白，教育孩子不是简单的事。家长作为家庭核心价值观的建设者、传承者，责任重大，一方面需从立身、治家、敬业、处世等方面严格自我要求，以实现言传身教、教化子女的作用；另一方面，还要与时俱进，充分汲取中西方文化的精髓，不断改进治家教子的理念与方法。人们常说"家和万事兴"，"和"字，在乐律中即为不同音调组合而成的和谐状态。本篇将通过新的视角，让家长看到亲子关系的艺术性，揭示现代家庭中，采用艺术的方法可以达到和而不同、美美与共的境界。

第一节　家长的使命

　　在中国传统文化中，"家"是传承文明、传播社会价值最重要的载体，《礼记·大学》有云："古之欲明明德于天下者，先治其国；欲治其国者，先齐其家；欲齐其家者，先修其身；欲修其身者，先正其心；欲正其心者，先诚其意；欲诚其意者，先致其知，致知在格物。物格而后知至，知至而后意诚，意诚而后心正，心正而后身修，身修而后家齐，家齐而后国治，国治而后天下平。"

　　早在西周时期，家长们就明白了自身所承担的使命不仅仅在于血脉、家业的继承，更要为后世子孙在精神世界留下支柱,在待人接物、修齐治平等方面进行规劝与教育,久而久之形成了"言居家之道,以垂训子孙者"的家训文化,成为中国传统文化宝库中颇具特色的部分。

一、何为"家长"?

家长赋予了孩子生命,是孩子一生中最早的模仿对象,也是孩子一生中最久的情感牵挂。家长带给孩子物质、精神的多种滋养,孩子的成长、成熟都离不开家长的呵护、教育。

由于现代社会的价值理念、行为准则越来越社会化、模块化,家长的权威性也随着时代的变化被削弱,接踵而至的是,家庭教育的目标越来越不清晰,由于很多主客观因素的干扰,很多家长不知道,家长的天职到底是给予孩子衣食无忧的物质保障还是精神陪伴? 家长教给孩子的,到底是出于对社会评价体系的遵从还是对未来孩子成长所需的判断。在社会、个人、孩子三层关系中徘徊、迷茫,这成为当代家庭教育的真实写照。

晓丽今年 6 岁,妈妈是一位律师,爸爸是一位 IT 工程师,平时工作都很忙,经常让晓丽住在外婆家,周末接回自己家,一家三口度过周末。因为家庭物质条件比较好,平时爸爸妈妈不加班、不应酬的时候也经常带晓丽和外公外婆出去吃饭,或者周末去周边度假村游玩,留下了很多美好的时光。晓丽的爸爸妈妈一直觉得一切都很和谐,事业、家庭平衡得非常好,晓丽也表现得非常乖巧。

可是当晓丽进入幼升小阶段,妈妈发现,孩子惧怕和同龄孩子长时间相处,不愿意说话,经常被孤立,学习成绩不佳。晓丽妈妈以为是孩子不适应新环境,也曾批评她不认真上课,但都不起作用。渐渐地,晓丽妈妈发现孩子经常一个人躲在房间里偷偷玩平板电脑,好几个小时也停不下来,一旦说她几句就会和大人闹,和平时乖巧的女儿完全不同,就算周末和大人一起出去玩,也没有以前开心。感觉到问题严重了,晓丽妈妈开始咨询身边朋友该怎么办,并寻求班主任和心理老师的帮助。

经过多次谈话与接触,班主任和心理老师给予晓丽妈妈以下分析与建议。

第一,孩子孤僻的问题。孩子从小和老人一起长大,只有周末才能接触到父母,在她的感性认知中,外公外婆可能在情感上比爸爸妈妈更亲近,父母的形象是精英的、权威的,也让她从小养成了在父母面前"听话、乖巧"的样子,这种模式,孩子会潜意识地隐藏自己的情绪,比如和家长在一起的时候,本能地将自己不开心的情绪隐藏起来,所以这几年,父母觉得关系很轻松、很融洽。当这种模式因为幼升小而改变,她需要面对新关系、新环境带来的一系列不适应问题,原本平稳的情绪和生存状态就失衡了,而这些问题晓丽又不能及时回家和父母沟通,久而久之得不到改善,她就越来越小心,表现出孤僻、不合群。

第二,孩子过早沉迷游戏问题。外公外婆的养育方式,是吃饱穿暖,很少关注孩子成长的丰富精神追求,比如,交朋友、观察环境、探索新事物等,且外公外婆年纪大了,晓丽从小就明白不能让外公外婆太劳累,所以也会很善意地不把自己遇到的校园问题告诉外公外婆。双休日和父母出去玩,也是以休闲度假为主,没有长时间的情感沟通与问题分析,所以,大部分时候,晓丽其实处于精神孤独状态。这个年龄段的孩子,往往还不知道发生了什么,更不知道怎么表达,所以,当接触到电子游戏,并发现电子游戏可以缓解她的不安与焦虑,她就很容易沉浸在自己的"小世界"里。父母中断她的游戏,等同于剥夺了让她感到快乐的世界,所以就会产生过激反应。

晓丽妈妈和爸爸认真思考了老师的分析与建议,陷入了深深的反省。他们以为孩子还小,也不想过早地给孩子学习压力,所以将自己的时间切割为周一至周五努力工作,周末陪孩子玩耍,这样看上去很高明的安排,其实是对"快乐成长"理念的肤浅理解。

孩子在成长过程中,既需要衣食无忧、轻松自在的氛围,也需要通过多种方式学会处理和家人、朋友、环境的关系。宋庆龄先生在 1963 年第 6 期《中国建设》上发表的《缔造未来》一文指出,在教育下一代的工作中,物质条件是重要的,应该毫无例外地把最好的东西留给孩子们。然而重要得多的是对他们进行思想上的教育,要使他们的生活有目的,这个目的应是把个人的前途和全人类的进步事业联系起来。

我们须知,快乐成长缘于多种需要的满足,如果家长仅仅停留在满足孩子生存所需,而不关注其精神所需,那么日积月累,其他欠缺带来的不愉快会慢慢占领孩子的内心,问题也会积累成疾,通过其他形式暴露出来。

美国著名心理学家马斯洛于 1943 年在《人类动机理论》中提出的需要层次理论,一定程度上反映了人类行为和心理活动的规律,对家长深度关注孩子成长状态、调动积极性具有启发性意义。

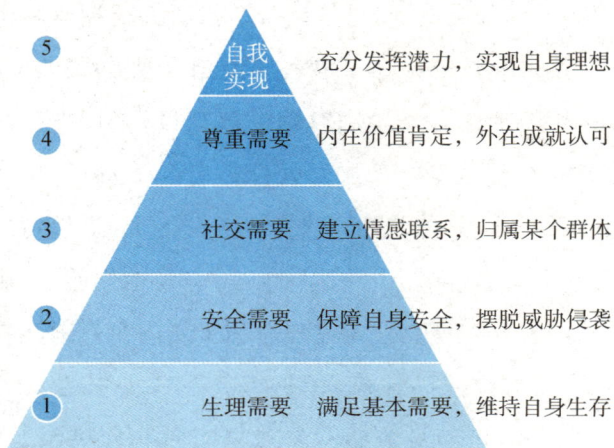

图 1-1　马斯洛需要层次理论图

人物介绍

　　亚伯拉罕·马斯洛（Abraham Harold Maslow 1908.04.01—1970.06.08），美国社会心理学家、比较心理学家，人本主义心理学（Humanistic Psychology）的主要创建者之一。马斯洛对人的动机持整体的看法，他的动机理论被称为"需要层次论"。1968年当选为美国心理学会主席。1933年在威斯康星大学获博士学位，第二次世界大战后转到布兰代斯大学任心理学系教授兼主任，开始对健康人格或自我实现者的心理特征进行研究。曾任美国人格与社会心理学会主席和美国心理学会主席（1967）。

　　快乐，不仅仅是给予，更是让每个孩子都能拥有幸福的能力——这便是家长的使命。参考马斯洛需要层次理论，从五个方面去综合考虑孩子不同时期的教育目标与方式，对于当代家庭教育会更具积极意义。教育是启发，是通过拓展孩子认知世界的思维，培养其探索未知世界的能力，进而帮助他们充分表达内心的世界。引导他们思考，引发他们质疑，满足他们好奇，实现他们理想，这个过程有利于从内至外地塑造孩子健康的人格，并收获品学兼优、爱好广泛、亲近社会的多元能力。如此一来，在未来他们需要独立应对时代挑战、环境变化、情感问题、亲子关系的时候，他们的内心会充满能量。

二、领队会不会犯错？

在古今中外的文明史中，人类社会最核心的组成要素就是家庭，而家长在家庭中始终拥有非常权威的身份，承担着家庭温饱、家族兴亡、繁衍后代、开枝散叶、家风传承、资源积累等责任。因此，在中国传统文化中，有"家和万事兴"的古语，也有记载在《礼记·大学》中"修身、齐家、治国、平天下"的教育理念。从孩子牙牙学语，到孩子生儿育女，家长始终是孩子一生的"领导"，是家庭的领队。也正因为这一份责任与权威，家长往往很难发现自己的错误。

世界卫生组织（WHO）《2022年世界精神卫生报告》显示，2021年人们的各种健康困扰中，焦虑、抑郁等情绪困扰居第一，91％的受访者表示自己有心理问题，中国每年大约新增22万心理疾病患者，而中国《2022国民抑郁症蓝皮书》进一步披露，目前我国患抑郁症人数达9 500万人，其中，50％的人群是在校学生。这组令人痛心的数据，揭示了近年来，随着社会压力的剧增、生存挑战的变化，家长在身兼数职的情况下，自己都很难做到身心平衡，更容易因为家庭教育理念偏差、教育手段粗暴、亲子关系失调等原因造成儿童、青少年心理问题的发生，下面分享一个特殊的案例。

文文,是一位因患抑郁症进入精神卫生中心接受诊疗的高中生,在经过了长达三四年的治疗后逐渐康复,逐渐意识到自己的病因来源于母亲,且母亲也应该患有类似病症。于是,这位孝顺的女儿在大学期间,主动为妈妈寻求心理帮助,她对心理医生说,希望能用自己的生活费,为其母亲进行心理咨询。让心理医生感到欣慰的是,女儿主动用自己的生活费让妈妈接受心理治疗,妈妈感受到女儿的心意后,开始进行心理咨询(因临床心理学从业规范要求,必须经过本人同意才能进行心理干预)。接触了文文母亲以后,心理医生发现其长期处于自我评价低、与女儿的情绪捆绑严重的状态,有明显焦虑症状,常常因为女儿的一些小错误就认为自己是一个不合格的妈妈,严重的时候有消极想法,长时间睡眠质量差、进食少。

心理医生通过几次交谈,了解了更多文文母女的生活背景,原来由于文文的爸爸常年在外工作,文文的妈妈是全职太太,从文文小学开始,母女俩就形成了极其亲密的情感关系。从女儿吃穿用住,到学习、情感、交友,妈妈都事无巨细地参与照料,一度是身边人人夸赞的好妈妈。

但随着文文长大,因为过于在乎自己作为母亲的义务与责任,逐渐转变为孩子稍有差错就会认为是自己没有教育好,而更加严厉地要求文文,母女的关系也逐渐从亲密转变为控制和被控制的关系。

心理医生很快意识到,母亲患有严重的抑郁症,且时间远远长于女儿,在分别诊疗的过程中,文文常常会说"不希望妈妈只关注我""希望妈妈能活得轻松一点",而在母亲的表述中更多的是"这次女儿又发病了我很痛苦""都是因为我孩子才变成这样,我是个失败的妈妈",母女之间形成了牢固的互相负面影响的状态。后期通过交叉治疗与艺术互动治疗等方法,逐渐缓解了母女的心理问题。

(笔者根据真实案例整理改编)

在这个案例中,我们发现,家长并不是无坚不摧的战士,也会遇到各种各样的现实问题,案例中文文的妈妈是一个特别负责的好妈妈,独自带孩子的艰辛与不易,让她时刻严格要求自己,积年累月,也把这种"严格"变成了习惯,长期高压的状态不知不觉中影响了孩子的成长。幸好文文较早地被发现有心理障碍,主动向专业心理医生求助,并获得有效的干预与治疗,在此过程中,文文成长并接纳了自己的不完美,同时意识到母亲更需要帮助,积极劝说母亲也进行专业心理咨询,挽救了彼此日益恶化的身心状态,也修复了母女关系。

日本临床心理学之父河合隼雄在《家庭的牵绊》中指出,东方现代家庭共同面临的困难是,脱离了19世纪大家族同气连枝的庇护，小家庭需要独立承担繁衍、生存、责任、价值、荣誉等多种"任务"，大部分还处于"孩子"心态的青年因为"先成家后立业"的社会准则选择了经由婚姻组建家庭，而实际上自己还需要长辈的扶持。繁忙的工作消耗着刚刚为人父母的青年的身体与精力，疲惫不堪地回到家，还要面对辅导孩子学习的任务。他指出，没有一个父母在教育孩子的过程中堪称完美，面对自己的不成熟或者职场的失败，成年人习惯采用自我保护式的掩饰，而面对孩子时就选择简单粗暴的方式以维护自己的权威，从不透露自己的不易，也不愿分享真实的情绪，这是大部分家长都在犯的错误。

时代在改变，与其打着"为你好"的旗号对孩子指手画脚，我们不如先看看自己面对不如意时该如何应对。学会接纳不完美，承认自己的能力边界，适应现有条件去改善状态——有时比"硬撑"更能够促进家庭关系。当我们自身学会了调整，就能够理解孩子，成长的过程没有一帆风顺，成长的目标也不是约定俗成，整个过程考验的是家长调整、引导与陪伴的能力：遇到困难时能与孩子共同探索改进方法，遭受批评时教会孩子自爱与自我修正，沮丧失落时引导孩子提升自己调节复杂情绪的能力……不断在成长过程中积累战胜各种困难的经验，与孩子共同成长。这更有助于孩子体验真实的成长，诚实地面对自己的不完美，勇敢地接受来自未来的挑战。

人物介绍

　　河合隼雄，1928 年生。临床心理学者、心理治疗师。曾任日本文化厅厅长、日本京都大学教育学院院长、国际日本文化研究中心所长。他是日本著名的心理学家，日本第一位荣格心理分析师，紧扣社会需求，将荣格心理学与东方文化融合发展。针对当代都市文明的快速发展，将心理学原理深入社会各个领域，著有《荣格心理学入门》《心的处方笺》《大人的友情》《爱哭鬼小隼》《心的栖止木》《佛教与心理治疗艺术》《孩子的宇宙》等。

三、没有"要求"才是家

　　人类要适应这个世界，在这个世界生存下去，必须对外部环境采取一种合适的态度，外部环境无时无刻不要求着我们表现出适当的样子，比如：在家庭中父亲应该是威严强大的，母亲应该是贤惠温柔的；而在职场上教师必须为人师表，工程师需要严谨认真，警察需要正义凛然，等等。人们总是生活在外部的要求中，并因为完美地实现了某种期待变得更有自信、更有成功感，但是符合社会方方面面的要求不是一件容易的事，这需要持之以恒的努力，如果稍有懈怠，就会遭受"能力差""行为举止不恰当"等批评，人们投入大量精力去适应这个多变、快速的时代，久而久之丧失了与自己内心建立联系的能量，这也成为当代都市生存压力过大的原因之一。

值得注意的是，家长在努力达成各类社会目标或要求的同时，往往会忽略孩子从小也在学习如何符合来自家庭、学校、社区等外部环境的要求，在这个过程中，也会发生自己内部的不适应，家长如果仅仅把注意力放在显而易见的孩子是否符合外部要求这一问题上，就很容易埋下对孩子身心健康不利的因素。

　　一位品学兼优的高中生因成绩优异被保送美国纽约大学，这位男生不仅成绩好，同时语言能力、运动能力、社交能力都很强，与其他海外留学生喜欢和本国朋友扎堆不同，他刚到美国不久，就与当地的美国学生混得很熟，像这样快速融入美国本土人群的中国学生并不多见，因此也成为留学生圈中的"小名人"。家长非常欣慰，因为这是他们多年教育的成果。孩子从小在国际学校学习，也经常被家长带到国外出游，参加国际夏令营等活动，与同龄人相比，这位男生不仅英语表达能力强，更体现出人际交往的灵活性与照顾周围伙伴的成熟感。人人艳羡的同时，男生的身体却出现了一些不明原因的症状。在留学生活顺利进行到第二年的时候，男生出现了胃痛、拉肚子等情况，从一周三四次，到每天不定时发作，让男生很苦恼，去看了各种美国医生，做了各种检查，均排除了肠胃疾病、神经疾病等问题,学校建议男生接受心理咨询,当医生问到是否有异地求学不适应的地方时,男生很开朗地表示在当地适应得非常好,不仅交了很多美国朋友,也受到了老师的认可,学习成绩一直很优秀,甚至准备提早去实习。心理医生找不到任何"不适应"的迹象,开始跟踪观察他的日常生活,并结合多个留学生肠胃不适的案例,发现他的问题缘于他过分完美地适应新环境的要求,而完全忽视了自己内心的变化。

心理医生找到致病因素后,进一步了解了他的成长环境和家庭沟通方法,当知道他和父母每天的通话内容多以汇报成绩、荣获奖项、交友成果的时候,心理医生逐步发现男孩"报喜不报忧"的背后,独自默默承担了很多压力。心理医生建议男生每天晨起进行冥想训练20分钟,冥想时不要多想外界的事,把注意力放在自己身心的变化上。坚持一段时间后,男生表示有所好转,心理医生继续建议男生每周给自己半天独处的时间,不参与社交、不进行学习,通过散步、闲逛、烹饪、发呆、听音乐、演奏乐器等方式,让自己彻底放松,学会与自己独处。男生起初不太能接受,尝试多次以后,感受到身体的症状逐渐减轻,但内心的情绪波动比以前更大。心理医生建议他尝试将一天中不愉快的事分享给自己的父母或者朋友,要让最亲密的人了解到他真实的情绪与状态,建立更为内在的情感联系。经过长达半年的调整，男生已完全没有了肠胃不适症状，状态也变得松弛、自信，他的父母也意识到，孩子更需要家人的理解与包容，而不仅仅是荣耀和夸赞。

一般来说，人在面对环境变化的时候，一定会有情绪、心理、精神、生理等多方面的变化，这种变化有的显露出来，有的却隐藏起来，如果个体过于重视外部环境的评价，急于满足新环境的新要求，就会忽视内在情绪、心理、精神方面的问题，久而久之问题积累到一定程度，就以身体的不适为信号发出警告。瑞士心理学家荣格将这个规律总结为"人格面具"与内心世界"阿尼玛"交互影响。

人格面具一词来源于古典戏剧演员在台上带着假面具演出戏剧，荣格借用这个词，意图告诉大家，我们每个人都在塑造戴给外界看的面具，而且会自主地根据不同场合的要求而变化。成熟的人格面具扎根于被外界认可的期望，也是目前家长教育孩子时最为关注的生存能力，比如，要求孩子在班里名列前茅，要求男子汉应该有担当，要求女孩子不可以大声吵闹，等等。

而内心世界"阿尼玛"存在于无意识中，聚集了我们内部心理过程的行事风格、态度、情绪等多种因素，我们很难把握其性状，也往往被家长忽视，变成孩子内心的未知领域。

荣格认为,对外的人格面具与对内的阿尼玛是一组动态互补的整体,心理教育不能忽视任何一面。应用到家庭教育场景中,比起父母焦虑孩子是否能满足外部要求而学这学那,更应该关注如何调整孩子内部的不适应状态。在帮助其塑造健康、乐观的对外态度时,更多地关心其内心脆弱、敏感的小世界。尽可能避免在家庭环境中以尽善尽美的标准去"要求"孩子,而应创造以引导、觉察、沟通为手段的包容性教育环境,让孩子在家庭的氛围中,卸下人格面具,安心地释放本性,在父母的关爱中认知自我,养成从内到外的自愈能力,为其成人以后面对多重压力奠定稳定的情感基础。

人物介绍

卡尔·荣格(Carl Gustav Jung, 1875—1961),瑞士心理学家。1907 年开始与西格蒙德·弗洛伊德合作,发展及推广精神分析学说长达 6 年之久,之后与弗洛伊德理念不和,分道扬镳,创立了荣格人格分析心理学理论,提出"情结"的概念,把人格分为内倾和外倾两种,主张把人格分为意识、个人无意识和集体无意识三层。曾任国际心理分析学会会长、国际心理治疗协会主席等,创立了荣格心理学学院。1961 年 6 月 6 日逝世于瑞士。他的理论和思想至今仍对心理学研究产生深远影响。

四、养育的幸福

孩子,是生命的馈赠,养育孩子,是父母最有成就感与使命感的"终生事业"。父母通过养育关系,将毕生心血幻化成生理、心理、精神、物质等多方面的财富,这些财富聚集在孩子的体内,成为其一生用之不竭的能量源泉。但人无完人,初为人父母,也会因为孩子哭闹而烦心,因为孩子学业不好而焦虑,因为孩子不练琴而大发雷霆……很多父母感慨,因为有了孩子,才真正认识到自己的不足,也才意识到自己父母的不易。

父母在孩子成长过程中,总是悲喜交加,既承担了衣食住行上的物质保障,更需要提供源源不断的精神养分,要同时兼顾孩子身体的照料与心灵的关照,倍感压力的父母,常常也会陷入身心失衡的状态。

公务员王先生近年来每天非常焦虑,睡眠质量一直很差,他总是担心自己的身体因睡眠不好而受影响,越这么想越睡不着,吃了大量的安眠药品也不能根治,更影响了工作,好几次被领导批评。王先生几乎每周都要到医院做检查,并无明显问题,后来去做了心理咨询。

心理咨询师经过几次沟通,掌握了王先生的更多情况。三年之前王先生做了爸爸,从刚开始的喜悦到照顾新生儿的疲惫，王先生逐渐出现了半夜起来照顾孩子落下的"日夜颠倒"问题。随着白天工作压力的增加，没有休息好的王先生频频被单位领导批评，这让他倍感焦虑，失眠情况越发严重。为了能够兼顾正常工作和照顾孩子，王先生决定把父母接到家里帮忙照顾一阵，自己可以专心工作。但好景不长，随着孩子的长大，除了日常的陪伴，孩子需要父母更多启蒙、学习的互动时间，这让王先生又陷入了困顿。为了让自己能够精力充沛，王先生上网了解各种提高睡眠质量的方法，给自己设定睡眠时间、购买辅助睡眠产品、每天测试睡眠质量等。他坦言，每天睡觉时，他总会胡思乱想，为一件没能做好的工作懊恼，为和太太因为孩子的事争吵感到内疚，为孩子没有达到他的设想而烦躁。越想越睡不着，越睡不着，越会想，于是产生了长期身体与心理双重失衡的情况。

　　心理医生了解情况后作出如下分析。首先，王先生是一个完美主义者，他曾经是成绩优异的名校研究生，在成为父亲之前也是一名优秀的青年员工。初为人父，他非常想扮演好父亲这个角色，同时不能容忍自己在工作上的疏忽，于是给了自己双重的压力。其次，王先生与伴侣沟通不多，尤其是针对自己的不足，自己遇到的困难，自己身体的不适，他从不说给家人听，表示"孩子妈妈已经很累了，不想让她担心"，希望自己解决所有问题。再次,王先生对孩子有很高的期望,希望孩子比自己更优秀,对于育儿过程中发生的问题过于敏感,也很需要学习一些权威的育儿知识。最后,作为家里的主要经济来源,王先生在职场的竞争中遇到了一些瓶颈,造成他对自己的能力产生了质疑。多种因素交叉形成了王先生的"焦虑"转移,全部反映在身体的不适上。

心理医生综合分析后,考虑到王先生比较忙,先给予一个改善性的小建议:客观地接受自己的不足,并养成每天与家人分享自己心情的习惯,不要过多积累内心的负能量,心里轻松了,晚上才能睡得着。王先生照做了一段时间以后,发现睡眠质量有所提升,再次找心理医生做咨询的时候,状态也明显好了许多。接着,心理医生给予第二个建议:每周和家人一起参与一项或多项艺术活动,比如听音乐、绘画涂鸦、参观博物馆等,丰富家庭活动,创造艺术氛围。王先生起初比较迷惑,因为他是个理工男,对这方面信息和知识比较欠缺,也对这类活动是否有效产生怀疑,不过,本着"做好一个父亲"的信念以及对心理医生的信任,他每周都花时间寻找各种有意思的艺术文化活动,而效果超出所有人预料,在两个多月以后,王先生带着孩子和太太一起来和心理医生碰面,这次交流也转变为边喝咖啡边闲聊的下午茶。王先生变得开朗了,并且在这段时间里,获取了很多新的理念,他表示,通过自我身心的调整，不仅和家人的关系越来越亲密，工作也越来越顺利，消失的自信又回来了，而这一次，还带着新的状态，这让他感到特别幸福。

（笔者根据真实案例整理改编）

这段案例，给予我们的启示是，当我们大人局限在固有的认知中，往往会因为眼前的问题而陷入焦虑，长期的沮丧、压抑会导致身心失衡，从而影响家庭的整体氛围，也达不到理想的家庭教育目标。养育，不仅仅是"我要孩子好"，而是"和孩子一起好"，甚至还可以是"我好，孩子才能更好"。

伴随着孩子的降临，每个家庭都面临着动态发展的考验，无论是家长还是孩子，都要面对各自成长、成熟、成功过程中产生的各类问题，每个人都需要不断学习、突破、更新。因此，家长在家庭教育中，不仅仅是孩子的榜样，同样是孩子的朋友；家庭教育关系不仅仅是家长影响孩子的单向过程，而是交互影响的双向赋能；家庭教育的重心不是孩子学得好不好，而是父母与孩子的互相成就。《礼记·学记》有云："是故学然后知不足，教然后知困。知不足然后能自反也，知困然后能自强也。故曰教学相长也。"这也揭示了，良好的家庭教育中，家长和孩子都具有自驱性，家庭教育使孩子发现自己所知有限，引导其通过正确的途径和方法取得进步，而家长在教育过程中，也自发地寻找自身的不足，督促自我成长，弥补短板缺失，再以言传身教的方式进一步感染孩子。在这个过程中，既收获了共同成长，更带来深层的情感滋养。

第二节　生命的对答

有人问智者："一滴水如何能够不干涸？"

智者回答："让它流入大海。"

生命宛如江河湖海，在个体与他人的汇聚、交流、碰撞中不断壮大向前，奔流不息。

孩子是父母生命的延续，也是与父母交流最多的个体生命，在这个过程中，最难也是最重要的，就是培养孩子的独立人格。著名教育家蔡元培先生曾说："教育者，养成人格之事业也。"即教育的主旨和目的是人格的培养。家庭、学校、社会在孩子人格形成过程中，始终充当有效的干预因素，扮演重要的启蒙者、引领者、陪伴者的角色，而人格教育中最为隐秘的个性发展与自我意识的形成都来自家庭，父母对于孩子的心理成长起着至关重要的作用。

一、新生命的旋律线

每个人在各自所处的文化环境中都会产生独立的性格以

及对待社会的态度,人们通过对自我的认知,让自己与众不同,打造着自己的生活,也感染着周围的人。

家庭教育中,家长往往会因为自己的认知习惯、知识结构、社会地位、思想修养等个人因素,无意识地影响着还处于懵懂状态的孩子,很多家长认为孩子还小,还没有形成自我意识和行为准则,于是就常常操心这个、担心那个,用自己认为对的方式教育孩子,为孩子的种种错误不满,更为孩子能否变得更好而焦虑,殊不知,这样看上去是为孩子保驾护航,实际上是无视孩子的独立人格,忽略了孩子自己的态度、情感以及理解世界的方式。

小学语文老师肖女士,最近遇到了烦恼。上初中的女儿越来越不愿意和她说话,每次沟通都不欢而散,女儿学习成绩很好,几乎不用她担心,但是逐渐疏远的母女关系,让肖女士产生了担忧。"是不是孩子早恋了?"有了这样的担忧,身为老师的肖女士更加想尽办法监督女儿的作息,放学回家如果晚了,还会去和班主任、同学确认女儿是否撒谎,这让本来就不亲密的母女关系接近冰点。

"我觉得我已经很好了,很多家长从小就又打又骂,我真的很尊重她,每次她学习达到目标我都会奖励她、夸她。"作为老师,肖女士常常向身边的人夸赞自己育儿有方,认为自己在孩子成长过程中一直属于理性与专业并重,孩子也在她的指导下,从幼儿园到小学都是佼佼者,她不知道为什么突然女儿不愿意和她说心里话了,于是找到了女儿所在学校的心理咨询老师,沟通了这个情况,希望得到一些有用的信息。

心理咨询老师(本案例中简称"老师")获悉情况后,并没有急着找女孩谈心,而是通过了解女孩在学校各个方面的表现,进行初步评估。她发现,女孩的学习成绩一直非常优秀,尤其是数学、英语、语文等重要的考试学科,几乎每次考试都是前三名。唯一美中不足的,是她的体育和艺术课,成绩都平平。有了初步的评估,老师在女孩平时上课的过程中观察女孩,发现她比较瘦弱,平时也比较内向,和她结伴的同学也比较少,显得有些孤独。

老师为避免女生产生敏感情绪,就以组织心理健康科普活动的方式,拉三四个同龄的女生一起,在活动中与女孩展开了交流。在布置会场的时候,心理咨询老师发现女孩子不太主动,总会先观察老师或者同学的态度、方案,然后去执行,这种状态持续了好几天,老师尝试让她负责画海报,但发现当很多人在一起的时候,她总是要顾及周围人的想法,下笔很犹豫,只有一个人安静的时候,能够完成整体的设计。

老师基本掌握了女孩的情况,和女孩进行了几次单独的沟通,从女孩的话语中,感受到她对妈妈是非常敬爱的,但是内心常常觉得自卑,一旦出现自己觉得做不好的事,她就不想告诉妈妈,现在初中的课业越来越重,除了语文、数学、英语的功课她可以做到很好,其他综合活动,她就难免落于人后,她觉得自己很难做到样样都优秀,她很怕妈妈问,每次问她就觉得是在责怪自己。

针对这个问题,老师与肖女士进行了沟通,老师认为女孩内心的自我评估偏高,由于从小接受母亲较高的教育要求,所以拥有比一般孩子更好的校园表现,但伴随着初中生视野的开阔,一旦涉及自己不熟悉或者母亲不能给予支持的学科、活动,孩子就会产生惧怕感,怕自己做不好,不够优秀。老师建议肖女士在平时的沟通中,少用询问句,多创造沟通的氛围,鼓励孩子尝试学业以外的知识门类,带孩子多多参与艺术、体育活动,在母女间的互动交流中,开发她自己的兴趣爱好,让孩子更多关注自己的感受。

肖女士经过专业老师的指点,很快意识到了自己的问题,也找到了改善母女关系的关键,采用少评价、多鼓励,少询问、多观察,少谈话、多互动的方式,母女俩经过一段时间的调整,关系越来越融洽,女孩在学校的表现也越来越活跃开朗。

（笔者根据真实事件整理改编）

预设学习目标并奖励,本来是教学中常用的激励手段,案例中,妈妈并不能算是"用错方法",教学经验丰富的妈妈直接指导处于懵懂学习期的孩子,避免了孩子在观察、摸索中出差错,取得了很好的成绩。但妈妈忽视了,孩子自己的感性经验是不能被替代的,自我认知是通过自己去感受、去探索才能建立起来的独特的认知网络,这个认知网络包含了对已知世界的接纳,以及对自己在这个世界中所处状态的自我评估。

1977年,美国著名心理学家阿尔伯特·班杜拉提出:每个人都有对自己是否能完成某件事的主观评估,这就是我们的自我效能感。研究进一步表明,自我效能感越强,取得成功的可能性越大,应用于家庭教育,培养孩子的信念,恐怕比教会孩子如何成功更具有深远意义。一个人,如果总是认为自己不好、不成事,就很难持之以恒地去完成一件事,更容易在挫折和困难面前放弃。充分尊重孩子的自尊心,鼓励其相信自己,提升自我效能感,对孩子健康成长、养成坚韧个性、提高学习能力具有重要的意义。

人物介绍

阿尔伯特·班杜拉(Albert Bandura, 1925—2021年),新行为主义的主要代表人物之一,社会学习理论的创始人,美国当代著名心理学家。班杜拉用了一个概念来描述人的有用感——"活出有用的感觉"(美国密西根大学的心理学家克里斯托弗·彼得森在全世界38个工业化国家的调查结果之一),叫作自我效能感,就是做什么事情都有价值、有结果、有成就，能够造福周围的人，而且能够造福自己。他曾出版《行为矫正原理》《认知过程的社会学习理论》《行为变化的社会学习理论》《自我效能：一种行为变化的综合理论》《自我效能：控制的实施》等。

二、学会让位，做好伴奏

如果要用一种艺术形式来比喻家庭教育，笔者倾向于室内乐重奏，在西方音乐中，三重奏指的是钢琴、小提琴、大提琴组成的乐队形式，特别像父母和孩子，父亲是深沉威严、脉脉含情的大提琴，母亲是优雅灵动、音色唯美的钢琴，孩子是活泼轻盈、表现丰富的小提琴。父母、孩子各自拥有自己的节奏与旋律线条，只是在音乐的进程中，有的处于主要的位置，有的处于伴奏的位置，在碰到矛盾冲突的时候，三个旋律会交锋，也会共同解决矛盾，交融在一起奏出美妙的旋律。

如果可以在音乐厅聆听三重奏，大家会发现，好的音乐表达，都是相辅相成的，绝没有三种乐器、三个声部同时齐奏的状态，多以两两乐器的对答，或三两乐器的交流呈现给听众，声部和声部交织，旋律与旋律融合，这就是和谐（西方音乐的和声 harmony 源自拉丁文 harmonía，意为"联合、认同、和睦"）。引申到家庭教育中，我们父母既要在自己作为主奏的时候,考虑到孩子声部是否跟得上,也要在孩子演奏自己旋律的时候,善作伴奏与衬托。

在一列开往北京的火车上,一位记者的邻座是一位两个大学生的父亲,这位父亲骄傲地告诉这位记者,他的女儿三年前考上清华,儿子今年考上北大。记者问这位农民父亲:"您把两个孩子都送进了大学,请问有没有什么绝招啊?"农民父亲的回答出人意料:"我这人没什么文化,其实也没啥绝招——我只不过是让孩子教我罢了!"原来,这位农民父亲小时候家穷没念过书,自然也就没什么能力教孩子,但他又不能由着孩子瞎混,于是就想出一个办法:每天等孩子放学回家,他就让孩子把学校老师讲的内容向自己讲一遍;孩子做作业,他自己也跟着在旁边读读孩子的课本,看不懂的地方就问孩子,如果孩子也看不懂,就让孩子第二天去问老师。这样一来,孩子既当学生又当"先生",学习的劲头甭提多大了!哪怕是别人的孩子在外面玩得热火朝天,他家的孩子也不为所动,就这样孩子的学习成绩从小学到高中一路攀升,直到考上重点大学……他的儿女也表示,在教父亲的过程中,始终觉得自己很"厉害",爸爸很需要他们,这促使他们更认真地去学习,长大了渐渐明白爸爸的良苦用心,更加珍惜来之不易的学习机会。

这则多年以前的新闻曾经轰动一时,有很多家长为之震惊与不甘,明明自己的学历很高,花的时间也很多,怎么还不如一个农民的土办法来得行之有效?

其实,除了孩子天赋异禀,这位农民之所以成功,是有心理学依据的。看似"土"的办法,是基于对孩子独立人格的充分尊重,把很多家庭中灌输式的教育方式转化为平等交互式的教育方式,家长以谦虚的姿态,让孩子切身感受到知识的用途,也让孩子感受到被尊重、被需要、被认可。

当代教育中,很多有能力的家长因为自己的经验与积累,常常会用一种"权威"的姿态来教育孩子,把"教育"这一行为理解为单向的"授予",和孩子谈经验、谈理论、谈方法,让孩子"照做",从未考虑过孩子需要自己发声。就好像舞台上的三重奏,大提琴与钢琴不仅演奏自己的声部与旋律,还在小提琴应该唱主角的时候"取而代之",大提琴和钢琴的声音越来越大,小提琴的旋律总是被打断,只能越拉越轻,到最后没有了声音。

家庭教育是一门艺术,每一位家长不是独奏家,要适时地放低音量、放慢速度,让位给主旋律,让孩子独立发展,高明的家长更善于在孩子"拉错音""数错拍"的时候做好辅助、铺垫与补救,为音乐进行下去提供强大的和声支撑。诚如著名教育家蔡元培先生所说:"教育者,养成人格之事业也。"他指出,教育是帮助被教育的人,给他们发展自己的能力,完成独立的人格,于人类文化上能尽一份责任;不是把被教育的人,造成一种特别的器具,给抱有他种目的的人去使用的。

人物介绍

蔡元培（1868年1月11日—1940年3月5日），字鹤卿，浙江绍兴人，教育家、革命家、政治家。早年参加反清朝帝制的斗争，民国初年主持制定了中国近代高等教育的第一个法令——《大学令》。他的教育模式新颖，不拘一格，认为教育是国家兴旺之根本，是国家富强之根基。他的教育思想灵活，兼容并包，不因学术争议而排斥，广泛吸收各家所长。他主张教育应注重学生个性发展，反对呆板僵化。他还提倡美育、健康教育、人格教育等新的教育观念。开"学术"与"自由"之风，是影响中国近代教育的第一人。

三、交织的生命旋律

由一个成熟的生命培养另一个生命走向成熟，这实在是奇妙的生命交流，就好像巴赫的二部创意曲，旋律主线出现后，总有一个新的动机紧随其后，跟着发展，直到这个动机壮大成新的主旋律，两条旋律线交织在一起，共同推动乐章的进程。伟大的音乐家巴赫一生共有20个孩子，他在生活中领悟了情感交流与对答的重要性，并通过赋格音乐，展示了家长与孩子之间的对话、追逐、模仿、独立、壮大、融合的多种关系。

然而，伴随着移动互联网的极速发展，人们越来越被手机上各类音视频资讯所吸引，线下交流沟通的能力却越来越差。很多家长都在头疼，如何摆脱手机成瘾？

实际上，完全抵御手机上内容的诱惑，这对于成年人来说都是很难做到的。早在 2012 年，发表在《心理科学》（*Psychological Science*）期刊上的论文已研究了自控力（Self-control）和社交媒体之间的关系。自控力是抵抗个体欲望的一道重要防线，其作用特别体现在面对各种诱惑冲突时。研究人员分析了 205 名成年人提交的 7 827 份关于自身欲望和冲突的报告，评估了与内心欲望斗争之后的自控失败率，结果发现，失败率最高的情况是抑制使用社交媒体的欲望，42％的人的自控力在社交媒体面前败下阵来。这对于还没有完善表达能力的儿童、青少年来说，更是一种挑战。

洋洋，是一位 17 岁的高中男生，因两年来手机成瘾，在校期间还与多位同学发生肢体冲突，甚至向老师和家长表达敌意，家长、老师多次教育效果不佳，因临近高考，沉迷手机、脾气暴躁加重，无法与身边的人正常交流，家长艰难决定复读一年，并请专业心理医生进行辅导。

这位擅长艺术治疗的心理治疗师，通过二十余次长达半年的综合性治疗，逐渐打开了这个家长和老师眼中"问题"男孩的心扉，为我们开启了另一个视角的"他"的故事。原来，这位即将步入高等学府的男生从小就聪明、敏感、好强，会不自觉地拿自己和周围人作对比，很在意来自老师和家长的夸赞。转折发生在进入新的高中时，由于初中学习成绩拔尖，在家人的要求下男生报考了市重点高中，虽然考上了，但是他并不开心。因为连续几次摸底考试，他的成绩都在班里倒数，这样的成绩不仅让他抬不起头，也让父母很焦虑。男孩说，每天吃饭都要被询问"今天的课上得怎么样?""这次考试考得怎么样?""需不需要请个家教辅导一下?"起初，男孩对这些问题只感到愧疚难耐，时间一长变得越来越反感，甚至对父母有时候刻意的"迁就"感到愤怒："他们表面不在乎，其实就是怕刺激我，导致我学习成绩更差罢了!"男孩说他尝试了很多种方式提高成绩，但用初中的刻苦方法仍然不起效，他也不知道怎么办。

男孩坦言，这样的自卑与压抑情绪，持续了半年，自己无法排解，有的时候甚至会失眠到凌晨两三点，尤其是临近考试的时候，脾气也变得越来越暴躁，熬夜失眠让自己越发颓废，就和同班几个同样成绩差的男生混在一起打游戏。在游戏里，自己带领团队攻克难关，无往不胜，用日复一日的操练，成就了自己的"英雄梦"。

当心理治疗师询问他有没有尝试和家人进行沟通，或者聊一聊学习以外的话题时，男孩沉默了很久，说："没有。"这一刻，治疗师仿佛感受到了男孩无助与孤独的内心。

心理学研究表明，自我期待更高的孩子，更容易患抑郁、强迫症等心理疾病。案例中，这位即将成年的男生，自身具备了独立的判断力和表达力，但因其处于青春期和升学期这样的特殊阶段，判断偏差和表达受阻导致的一系列失败与挫折被无限放大，直到对自己丧失信心。此时，如果家长敏锐地发现其自尊心受损，给予更多鼓励与支持，共同想办法克服一时的困难，也许男生就不会陷入手机制造的"英雄梦"。可以想象，当这位男生在遭遇失败的初期，一面想尽办法努力学习，一面包容和理解来自老师和家长的指责，其内心所承受的压力有多大。

心理治疗师表示，大部分家长不重视孩子感性表达中无意识的作用，不能接收到有效信号，不懂孩子看似沉默不语的背后，是强烈的无助感。如果不能抓住他们内心的渴望，一味地指责或者教导，只会错过最好的干预机会。

（笔者根据真实事件改编）

正如上述案例所示，当孩子在成长过程中，遭遇烦恼和不能解决的问题时，他们更容易进入自己的小世界，而手机游戏、音视频所带来的快感可以快速地吸引孩子的注意力，让孩子忘却烦恼、感到快乐，逃避现实问题，久而久之，孩子逐渐失去了负面情绪的表达能力和消化能力，甚至拒绝和父母进行沟通。

心理学家亨利·艾伦伯格的《无意识的发现》是一部讲述精神动力学发展史的名著,在书的结尾部分,他告诉人们,无意识可以激励人创造奇迹。当人们主观意识层面的主体性和统合性受到了威胁,无意识就会用自己的方式出来调节。且这种方式可以冲破生活原型中的禁锢,更具有想象力与创造性。

其实,手机成瘾背后的心理动机,往往是寻求现实生活中无法实现的满足感、荣誉感、成功感。父母的干预手段,不能仅仅停留在"阻止"和"说道理",更多的功夫应花在将孩子从无助与逃避中"拉出来",用交互性的方式引导孩子把内心的想法表达出来,提升孩子的感知力与适应力,提升其自我表现力。在日常生活中,家长与孩子应建立起一种情感共鸣关系,通过言传身教的方式,教会孩子更多交流娱乐的方法,比如帮助孩子寻找爱好、特长充实业余生活,花时间共同尝试多种艺术、体育、社交活动等,这样能够有效指导孩子学会对抗不良情绪,引导其找到解决困难的正确途径,同时,用更为丰富的人文环境,滋养孩子内心感性的部分。

人物介绍

亨利·艾伦伯格(Henri Ellenberger),1905 年生于罗德西亚(今辛巴威),在史特拉斯堡和巴黎研读医学。第二次世界大战期间在瑞士的精神科诊所行医,战后在美国及加拿大任医学院的心理学教授。1993 年逝于蒙特律。

艾伦伯格的著作主题涵盖民族精神病学、心理学史等。著有《弗洛伊德与荣格:发现无意识之浪漫主义》《让内与阿德勒:发现无意识之理性主义》。

四、你中有我,我中有你

在大部分家长眼中,孩子总是有各种各样的不足和问题,成绩好却淘气、聪明但懒惰、乖巧却胆小……好像没有"完美"的孩子,且随着孩子的成长,问题还会变化,甚至越来越多,"越来越不听话了""管不住了,不知道他在想什么"……但大部分家长不知道的是,家长即使在孩子眼中并不完美,孩子也很少会去抱怨或指责,心理学家研究发现,孩子对于大人缺陷的接受度与包容度远超过家长对孩子。

这是一个让家长重新考虑双方关系的视角,家长总是认为自己是最爱孩子的,仗着比孩子拥有更多的生存经验,常常会打着"一切为了孩子"的旗号不自觉地施加各种压力,孩子稍有偏差,就认为孩子错了。而孩子从婴儿开始就在无意识的情况下用本能的情感接纳来自父母的各种信息。

　　一位单亲妈妈带着女儿走进心理医生的诊室,第一次见面,女儿就驼着背、低着头,双手缩在宽大的衣袖里,头发把青春的脸庞遮去一半,妈妈着急地推着孩子,和心理医生说:"我的孩子13岁了,还不懂事,不肯吃东西,不愿意说话,急死我了。"

心理医生观察着母女,请她们落座,通过交谈了解到,原来女孩8岁那年,父母就离异了,女孩和妈妈共同生活直到现在。近几年,母女关系越来越紧张,原因有很多:"成绩越来越差""花销很大的""不愿意和我说话""好几次说着说着她就崩溃了,我也不知道怎么办"。妈妈激动地说着,而女孩一直沉默地坐着。

心理医生感觉女孩情绪很压抑,想单独和她聊一聊,妈妈强忍着同意了。等妈妈离开,心理医生问女孩:"爸爸妈妈离婚的时候,你是不是很难受?"女孩点点头。"那爸爸关心你吗?""爸爸挺好的,我和他还单独待了2个月。""那你为什么不和爸爸一起生活呢?"女孩沉默了一会儿,说:"因为我觉得妈妈更需要我……"心理医生沉默了一会儿,给女孩一定的空间,接下来尝试着引导女孩把心里的话说出来。

原来,在女孩的视角中,爸爸妈妈离婚的时候,妈妈是最痛苦的,所以她选择陪在妈妈身边。但是女孩觉得不管自己做得再好,妈妈还是不满意。"我已经很努力了,可是还是会被骂"女孩委屈地说着。

　　结合刚才妈妈的表现，心理医生安慰女孩："可能妈妈并不是在责怪你，她只是着急。""我知道，我都懂，她一个人带我很不容易，我也很希望能够满足她所有的愿望，可是我就是做不到啊！逼死我也做不到！！"说着说着，女孩越来越激动，哭了。

　　心理医生就妈妈对女孩的高压要求、情绪控制而给她幼小的心灵带来的失望、悲伤、委屈给予充分的理解和情感支持，并试图引导孩子，让她看到更为积极的一面。"我感觉，你好强大，与其说，是妈妈在养育你，不如说是你在保护妈妈。"心理医生突然这么说，女孩一下子不哭了。"你看，你们的母女关系，虽然看上去有点糟糕，但其实，你比别的同龄人强大多了，你不仅陪伴照顾着妈妈，还兼顾学习成长，你真了不起！"心理医生通过积极引导，让孩子不仅仅看到关系的负面，还让她认识到自己通过这样的关系，锻炼出来的强于他人的忍耐力与爱心，激发女孩自我接纳、自我肯定。

　　女孩第一次听到如此评价自己，感觉到被认可，又向心理医生说了很多对妈妈的期望："我希望她不要随便进我的房间，我已经长大了，我不想总是被监视。""我希望她不要翻我的书包，查看我的手机，这让我觉得我是个坏孩子，在做坏事。""我希望妈妈能快乐一些，有自己的娱乐生活。"心理医生一边记下女孩的心理需求，一边在心里默默地感慨，每一个孩子在走进心理诊所之前其实都用自己的方法努力克服了1000个问题，甚至细心地为母亲设计了方案，而这一切大人没有看到，更没有理解。

第一次诊疗快结束的时候，心理医生请母亲进来，指着一些乐器对母女说："这里有一些乐器，我希望你们能够选择自己认为最符合自己的乐器，然后用乐器而不是语言向我展示一下平时母女的相处状况是怎样的。"母亲选择了大锣，女孩则选择了一个小小的铃铛，接着她们的合奏开始，妈妈用大锣自顾自地敲着，声音洪大，节奏快速，小女孩的铃铛一开始节奏跟得很紧，可是因为妈妈的锣声越来越大，小铃铛的声音越来越微弱，最后女孩扔下铃铛不敲了，妈妈发现了也扔下大锣。

心理医生分析道："这一段音乐暴露疗法，其实展示了你们母女平时沟通的状态，妈妈习惯于主导，不论是节奏、速度、音量，都是妈妈在控制。""我想让她跟着我呀！"妈妈着急地说。心理医生微笑而平静地说："可是这样的音乐并不美，是不是？"妈妈沉默了。"两个乐器之间，应该有互动、有对答，你中有我，我中有你，才能让人听着和谐、动听，一种乐器、一种节奏不断持续，不论是听众还是演奏的人都会觉得疲劳。"听完心理医生的话，母女俩都陷入了沉思。

心理医生没有再继续剖析，而是希望母女俩能够就这次外化的音乐演奏状态,回去思索一下,怎样的关系是最理想的。

(笔者根据真实案例节选)

　　如同上述案例,大部分家长意识不到自己的行为习惯、情绪波动和教养方式对孩子存在最直接、最深远的影响,总是盯着孩子的不足,花大力气去"修正"自己认为不好的地方,不愿意静下来和孩子聊一聊自己有什么需要改善的地方,其实比起自己,可能孩子更了解你。

　　案例中心理医生用音乐旋律的"你中有我,我中有你"来比喻孩子和父母的关系,这背后有心理学原理支撑。父母是孩子性格的参照,一个被很多父母忽视的问题是,很多幼儿在成长过程中,无意识地接受着父母缺点造成的"情结"影响,直到孩子长大,才在同化机制下暴露出来。比如,从小很内向的儿子对脾气暴躁的父亲一向持批评态度,但是在其成年以后,遇到压力或刺激时表现出比父亲还要暴躁极端的脾气;或者母亲不经意的唠叨成为女儿不自信的小阴影,在青春期的时候突然发作,反复扮演指责自己的母亲形象,对自己和朋友的行为予以苛刻的批评与纠正。所以,古人常说最好的教育是言传身教,心理学家已经证实,在孩童无意识时期父母的表现比少儿有意识时期所接受的家庭、学校教育更为深远。

第三节　命运使我们相遇

怎么处理好亲子关系，一直都是古今中外教育家所关注的问题。北大校长胡适先生的理念是：我们作为父母，可以说是在没有经过孩子同意的情况下，糊里糊涂地就把孩子带到了这个世界，所以，父母并不算是有恩于孩子，也不该因此理所应当地要求他们"孝顺"，他们应当堂堂正正成为自己想要成为的人。作为中国近代最著名的教育家之一，胡适先生的先进理念，是以身体力行的方式悟出来的。

1919年，胡适的大儿子出生之后，晋升为人父的胡适开心之余，也陷入了沉思，思考应该如何教育孩子，胡适写下了一首短诗，提出了震惊当时教育界的思想"树本无心结子，我也无恩于你"，并将这一理念，贯穿于养育孩子的过程之中，留下了著名的《写给儿子的信》：

我养育你，并非恩情，只是血缘使然的生物本能。

所以，我既然无恩于你，你便无需报答我。

反而，我要感谢你。

因为有你的参与，我的生命才更完整。

我只是碰巧成为了你的父亲。

你只是碰巧成为了我的女儿和儿子。

我并不是你的前传，你也不是我的续篇。

你是独立的个体，是与我不同的灵魂。

你并不是因我而来，你是因对生命的渴望而来。

你是自由的，我是爱你的。

但我绝不会"以爱之名"，去掌控你的人生！

这首震惊民国教育界的诗，与纪伯伦写于19世纪的《致孩子》一诗不谋而合：

你的孩子，其实不是你的孩子

他们是生命对于自身渴望而诞生的孩子

他们借助你来到这个世界，却非因你而来

他们在你身旁，却并不属于你

你可以给予他们的是你的爱，却不是你的想法

因为他们有自己的思想

你可以庇护的是他们的身体

却不是他们的灵魂

因为他们的灵魂属于明天

属于你做梦也无法达到的明天

你可以拼尽全力

变得像他们一样

却不要让他们变得和你一样

因为生命不会后退

也不在过去停留

你是弓,儿女是从你那里射出的箭

弓箭手望着未来之路上的箭靶

他用尽力气将你拉开,使他的箭射得又快又远

怀着快乐的心情

在弓箭手的手中弯曲吧

因为他爱一路飞翔的箭

也爱无比稳定的弓

这两首诗充分体现了具有独立思想的家长,对孩子深厚的爱与期许背后,更承载了对社会、对家庭、对孩子未来发展的责任,如此明智的教育理念值得每一位当代父母深思。

一、独立是爱的前提

每一个做父母的,都不想让孩子经历自己曾经历的痛苦,而希望把自己的成功经验传授给他们,但是,孩子总是对大人的"苦口婆心"不屑一顾,于是就这样,一代管着一代,一代又"反抗"着一代,我们必须明白无论父母多么爱孩子,孩子还是要独立面对很多父母无法代替,只能自己解决的问题。

关于家长如何能够将毕生所学传递给孩子,让孩子更好地接受并用于自己的人生,一直是教育家和心理学家们关注

的问题。著名心理学家阿德勒在维也纳建立了世界上首个儿童指导中心,他认为,教育孩子的目标是自立,在一切教育之前,和孩子建立良好的关系,才能在孩子需要帮助的时候给予有效的指导。

自立并非一朝一夕可以养成,尤其是从孩子幼年时期依赖父母生存到逐渐脱离父母独立生活的过程中,家长很难察觉在哪些时间节点、哪些问题需要让孩子独立面对,很多家长按照各自的习惯"包办""多管",最后妨碍了孩子的独立,到孩子长大还要责怪他们"害自己不够独立""自己不能解决问题"。

心理学家认为,家长应该在教育过程中,注意培养孩子的自立能力,尤其要注意以下三个方面表现。

表现一,能够独立做出选择。家长要学会在自己的可控范围内,允许孩子"自己独立做决定",且不论结果好坏,都不做评价,让孩子自己承担。

一群小升初的孩子家长聚在一起,很多家长都开启话匣子,抱怨自己孩子的表现,很多家长都表示,因为不适应初中的课业,很多孩子晚上做作业都要做到很晚,可是越晚越慢,很多时间都是被浪费的,孩子放学总是要磨蹭,一会儿玩玩平板电脑,一会儿跳跳绳,一会儿吃水果,在家长看来真正有效的学习时间只有一两个小时,而那时候已经九十点钟了,不做作业要被老师骂,看着孩子晚睡自己也要陪着熬,真不知道怎么办。这时候,一位非常有育儿经验的妈妈,分享了她的方法。这位妈妈是一名心理教育工作者,她深知,孩子正处于儿童期向青春期发展的时候,虽然面对新的环境,知道自己要用新的状态去面对,但还是会以儿童时期父母帮着惯着的依赖心态,去处理各类难办的事情。尤其是这种父母老师很在意,孩子又很不想去做的作业问题,家长需要让孩子明白,这是一件孩子"自己"的事。于是,在所有父母都觉得做作业是一件"大事"的时候,她表现得这是一件"小事",在晚上9点半的时候,她温柔地对女儿说:"今天妈妈工作很累了,你明天还要上学,大家都睡吧。"女儿玩到一半,突然意识到还有一半作业没有完成,她有些恐慌,试探性地问:"妈妈,我的作业还没做完,你能不能陪我做完?"妈妈这次坚定地说道:"那不行,你现在正在长身体,早睡早起,才能保证精力旺盛,明天上课才能学到东西。当然,妈妈也一样,只有充足的睡眠,才能保证明天一天的工作顺利完成。我们现在必须睡觉了。"在妈妈的坚持下,孩子和妈妈都在10点前就入睡了。第二天一早,奇迹发生了,妈妈发现孩子提早半小时起床,自己穿戴整齐,把剩下的作业写完了,正在整理书包。心知肚明的妈妈,表现出惊讶又夸赞的样子,对女儿说:"天呐,你可真棒,看来做作业这样的小事,你自己都能应付,期待你今天在学校能有好的心情。"听完这位妈妈的分享,在座的父母都沉

默思考起来,很明显,比起自己陪着孩子熬夜,这位妈妈
"四两拨千斤"的做法,更有利于孩子自立。

(笔者根据真实事件改编)

表现二,能够独立判断自己的价值。很多孩子从小接受
着"做好就赏,做坏就罚"的教育模式,长大了无法独立判断自
己的言行是否合适,如果得不到家长或者权威人士的认可,就
很难采取行动。家长需要克服让孩子"好好表现"的愿望,引
导孩子发现自身价值,而非表面的"听话""符合要求"。

暑期来临,很多小升初的孩子一起参加思维兴趣班,
第一堂课上,有些孩子特别积极,有些则兴趣寥寥。当老
师问到,有多少孩子是因为自己喜欢而来到这个班时,只
有一两个孩子举手,且都是刚才表现积极的,其他孩子都
表示是父母要求他们来的。老师放下手中的教具说道:
"那么,我可以了解一下,如果不是父母要求,你们自己喜
欢做什么? 会选择学什么呢?"这时候,孩子开始积极主
动地表达"我想去跳舞""我爱弹钢琴""我就想在家待着
睡觉""我喜欢天文""我喜欢户外活动""我喜欢小动物,
我想观察它们怎么成长"……七嘴八舌,一下子课堂气氛
就活跃了起来,几个之前看上去很内向的孩子也在热烈
的气氛中主动表达自己的兴趣。

老师这么做，是鼓励孩子勇敢地表达自己的意见，而不是一味地听从父母。接着，老师说道："每个人的兴趣爱好都不太一样，老师感觉到，每个小朋友都有自己的兴趣爱好，这是一件好事，那么现在我们试着分析一下，如何通过思维训练，让我们的兴趣爱好变得更好?"孩子们一下子安静下来了，因为大部分孩子并不知道，自己来上的思维兴趣班，是什么，有什么作用，更没有想过这和自己的兴趣爱好有什么关系。

老师接着引导："每个人的兴趣爱好，是不一样的，同一个人不同成长阶段的兴趣爱好也是不一样的。如果我们形成了科学的学习与分析思维，在接触不同的兴趣爱好时，就会更容易掌握要领。比如，有些小朋友，喜欢音乐和舞蹈，但是老师教的和我们自己表演的总是不太一样，是为什么呢?""那是不是因为我们没有掌握要领?"一个小朋友弱弱地问，老师很高兴地接着说："对啦，这就需要我们拥有分析问题的能力，寻找这段音乐或者这段舞蹈背后有什么故事，一个音符或者一个动作，目的是什么，我们有没有做到位。"

通过这样的方式，老师试图告诉孩子，思维训练和他们的兴趣爱好并不冲突，而且掌握学习与分析的方法，会更有助于他们接触更多的兴趣爱好。孩子也许不能马上接受，但是从孩子自己的表达与乐趣出发，积极引导，是家长和老师共同努力的方向。

表现三,克服以自我为中心。由于孩子从小就是家庭的重心,家长从小照顾孩子的生活、学习、心情,很容易让孩子养成"衣来伸手""饭来张口""父母围着我转"的心态,这种心态在一定年龄范围内还不会影响孩子日后的发展,但一旦成为固定思维,形成"自我中心"就很难改掉。家长需要在教育过程中,强调人与人是平等的,是处于不同分工的共同体,父母、孩子都是这个共同体中的一部分,需要互相尊重、互相帮助,并不存在以谁为中心。

疫情封控期间,某小区妈妈群里,很多妈妈都在抱怨,自己的孩子在家不能去学校,要么打游戏,要么上网课,一家人吃穿用住都要照料,还要辅导孩子做作业,比上班都累好几倍。在大家都怨声载道的时候,一位妈妈却秀出了自己就读初中的儿子正在给自己做饭的视频。伴随着接踵而至的赞扬,更多的妈妈问:"这是怎么教育的?"

其实这位妈妈也不知道该不该分享她的育儿经,因为每家情况不一样。她是一位单亲妈妈,平时比较忙,有的时候不太能够照顾到孩子各种细致的需求,正因为如此,她对孩子都以鼓励为主。"因为实在没有办法面面俱到地照料辅导,只能给予精神上的支持和言语上的鼓励。"妈妈坦言道。可能是孩子懂事,自理能力特别强,有的时候妈妈很忙,孩子还会主动做好饭,留饭给晚归的妈妈。"也许是我们两个比较特殊,属于朋友式亲子关系,我也不太能像其他家长一样包办所有事情,更多地会碰到问题先问询他的意见,遇到困难我也会向他倾诉,毕竟是最亲的人啊,我们家大大小小的事,他都知道。"

因为单亲家庭这一客观原因,让妈妈提前把孩子当大人对待,"事事包办"变成"事事商量",反而锻炼出孩子主动承担家庭责任与义务的能力,这样的方式也值得很多家长学习。

培养孩子自立,看上去是"少管教",其实是锻炼父母的"内功",用更为巧妙、有效的方式,梳理孩子成长过程中和未来独立有关联的课题,充分尊重孩子的心理规律,将父母的人生经验转化为孩子成长必经之路上的指示标,引导孩子拥有独立思考、直面问题、探索新知的能力,用长远的眼光构建更深层、更长久的亲子关系。

人物介绍

阿尔弗雷德·阿德勒(Alfred Adler,1870 年 2 月 7 日—1937 年 5 月 28 日),奥地利精神病学家。人本主义心理学先驱,个体心理学的创始人,曾追随弗洛伊德探讨神经症问题,但也是精神分析学派内部第一个反对弗洛伊德的心理学体系的心理学家。阿德勒的学说以"自卑感"

与"创造性自我"为中心，并强调"社会意识"。主要概念是创造性自我、生活风格、假想的目的论、追求优越、自卑感、补偿和社会兴趣。著有《自卑与超越》《人性的研究》《个体心理学的理论与实践》《自卑与生活》《在自我启发中成长》等作品。

二、共处的艺术

人的生物性与社会性、遗传与环境、先天与后天的关系问题，历来是哲学家和心理学家共同关心的重要问题。我国古代哲学家、教育家孟子提出性善论，认为人的本性是善良的。墨子则重视环境的作用，他说："染于苍则苍，染于黄则黄，所入者变，其色亦变。"（《墨子·所染》）他用染丝为例来说明人性受环境的影响而变化。

苏联心理学家在人的成长过程中生物因素和社会因素哪个作用更大这个问题上也曾经存在分歧。列昂节夫等人认为，人格只能是社会关系的反映，只包括由社会关系带来的特性，而不包括受生物性制约的个人特性。鲁宾斯坦等人则认为，人格既包括个体发展中由社会活动和社会关系决定的社会性，还包括在人类历史发展中形成的生物特性，是社会性与生物性的统一。

　　诸多心理学家的研究指出，人格不仅受生物因素影响，而且受社会因素影响；人格形成和发展既有生物因素的作用，也有社会因素的作用。人格是遗传因素与环境因素交互作用的结果。生物因素给人格发展提供可能性，社会因素使这种可能性变为现实。人在社会交往中逐渐发展自己的人格。

　　在家庭教育中，家长需要关注孩子的人格形成和发展，这对未来他的人际交往、环境适应能力以及社会贡献有着长远的影响。很多家长量化孩子的基础教育阶段掌握了多少知识，而忽视了孩子是否具备获得知识的学习能力和适应社会的健全人格。

　　王女士有一位学霸女儿，中考进入市重点高中以后便住校学习，却总是表示不开心，想搬回家里住，可是学校离家实在太远了，如果不住读，孩子每天要多花 4 个小时在路上，这对孩子成长、学习以及家庭的影响都很大。因为王女士平时很注意和女儿沟通，每天都保持微信与视频通话，也提前做好了女儿在新的环境不能适应的心理准备，也为女儿做了很多心理建设，可没想到，知道和做到还是不一样。女儿住了一个月，从一开始不能适应诸多公共生活空间的简陋设施，到不能适应多人起居需要遵守的新秩序，再到不能忍受六个女生住在一起产生的作息不同、习惯不同、脾气不同等问题，习惯了在家有自己的小空间的女儿，非常不适应，越来越烦躁，晚上睡不好，甚至严重影响白天的学习，让王女士很苦恼。其实这样的情况，很多家长都会遇到，尤其是优质教育资源需要抢的地方，条件好的家庭，可能会选择租一套房子在孩子学校附近，大部分普通家庭，都不得不提早为孩子筹谋。

很多家长表示，自己已经很重视培养孩子的独立性了，让他们拥有自己的空间、引导他们独立做判断并承担结果，却没有想到，孩子的独立性是相对的，在家庭环境中，孩子的社交圈、生活环境、成长状态都是稳定的，那么孩子的独立性也就发挥稳定，给家长一种"看上去很独立"的效果。一旦外界环境发生巨大的变化，孩子马上"打回原形"。上述案例，实际上告诉家长，孩子的真正独立，不仅是"管好自己"那么简单，还需要拥有与他人和谐相处的沟通力，具备可快速融入不同环境的适应力，能调节好自身的状态以适应新学习目标的弹性。

人的发展与社会发展是一个相互提携、双轨并进的过程。人在不懈地发展自己、更新自己、完善自己、提升自己的同时，也建立了和他人的关系，改变了周围的环境，创造了社会文明。所以，人格教育从某种意义上来说，就是人类社会文明的结晶。因此，家庭教育既要考虑孩子个体价值与独立性，也要考虑其共处能力和社会价值，注重发挥人格教育的社会价值，也就是在为人的发展创造条件。如果单从社会发展的角度来说，个体人格的健全和完善对社会发展具有重要影响和推动作用,因为归根到底,社会历史是人创造的,人是改造社会的主体力量。

人物介绍

鲁宾斯坦,1889 年 6 月 19 日生于敖德萨,1960 年 1 月 11 日卒于莫斯科。

1913 年在德国马堡大学获博士学位;1924—1945 年任俄罗斯社会主义共和国教育科学院心理研究所所长;1943 年被选为苏联科学院通讯院士,1945 年被选为俄罗斯社会主义共和国教育科学院院士;1945—1949 年任苏联科学院哲学研究所副所长;1945—1960 年任苏联科学院哲学研究所心理学部主任。鲁宾斯坦在科学研究中主要研究心理学中的哲学问题。从 20 世纪 30 年代起,他试图以马克思主义哲学为基础改造传统的心理学体系。他的主要著作有《普通心理学原理》(1940)、《存在和意识》(1957)、《思维和它的研究道路》(1959)、《心理学的原则和发展道路》(1959)、《普通心理问题》(1973)。

三、家是每个人的补给站

情绪是一种主观体验,不同的人对同样的事情,其主观感受可能是截然不同的。情绪是人心理的重要组成部分,就像空气一样时时刻刻围绕着我们,伴随着我们。每个人都体验过喜悦、愤怒、悲哀、恐惧、苦恼、烦闷等各种情绪。情商,就是情绪商数,指一个人控制情绪的能力,既包括控制自己的情绪,也包括察觉别人的情绪。情商,对一个人的学习、工作,以及将来的婚姻、家庭、生活的幸福感,有着重要的意义。所以从小培养孩子认知情绪、觉察情绪、控制情绪等情绪管理能力,显得尤为重要。

　　但大部分家长在教育中,往往会忽视、回避孩子的"不良情绪",很少引导孩子探索、觉察自己的情绪,更难控制调节自己和孩子的情绪。

　　进入青春期的薇薇,最近在家里总是闷闷不乐的,家长问她,她又说没事,家长不知道该怎么办,家长会的时候,和周围的家长讨论起来。没想到,一个班级,大部分家长都表示"不懂孩子在想什么""不知道他怎么了""说着说着就不高兴了"⋯⋯面对家长群体的困惑,班主任找来心理教师为家长做青春期情绪特征的科普。原来,青春期的孩子,情绪异常敏感,尤其是对自己情感、生理、社交等方面的变化,内心往往带着羞涩、懵懂与恐惧,如果家长还按照以前的方法,不顾及他们的感受说话、行事,就很容易让他们的情绪更加烦躁,无法消化的情绪积累,久而久之形成了孤岛,非常容易走入叛逆的死胡同。

　　心理老师说,其实比起说教,孩子这个时候更需要的是情感共鸣。家长首先要尊重他们的情绪。对于青春期孩子容易出现的沉默不语、情绪起伏大、烦躁不安等状态，家长先要稳住自己的情绪，平静地接纳，可以给孩子更强的安全感。然后运用各自的方法，比如出去兜风、听演唱会、一起逛街、一起打篮球等方式，创造和孩子情绪连接的场景，分散孩子的注意力，引导孩子走出情绪孤岛。

老师精心选择了一首励志、温暖的歌曲推荐给大家——《不放弃》，他建议家长与孩子可以一起欣赏和感受："一群人，一条路，坚持一直走下去。在一起，不容易，相守更加了不起。一群人，一条心，再苦再累也愿意。在一起，不容易，点亮生命不放弃。不管多少风雨，我们迎风前进，不管多少失败，我们永不言弃，一路有你。"这类歌曲，有助于孩子感受音乐调节情绪的神奇力量，更重要的是这种陪伴感和美感相结合的音乐体验能进一步提振孩子的信心。

情绪管理是一项复杂的课题，心理学家总结，情绪由主观体验（是人的一种自我觉察，如"我感到很生气"）、生理唤醒（如伤心时，心跳加快、流泪等）、外部行为（如激动时会手舞足蹈）这三部分组成。家长在实施干预之前，需要先了解当情绪产生时，是由三种层面共同活动，构成一个完整的情绪体验过程。

第一个层面，主观体验。情绪的主观体验是人的一种自我觉察，即大脑的一种感受状态。人有许多主观感受，如喜、怒、哀、乐、爱、惧、恨等。人们对不同事物的态度会产生不同的感受。人对自己、对他人、对事物都会产生一定的态度，如对朋友不幸经历的同情，对敌人暴行的仇恨，因事业成功而欢乐，因考试失败而悲伤。这些主观体验只有个人内心才能真正感受到或意识到，如我知道"我很高兴"，我意识到"我很痛苦"，我感受到"我很内疚"等。

第二个层面，生理唤醒。人在产生情绪反应时，常常会伴随着一定的生理唤醒。如激动时血压升高、愤怒时浑身发抖、紧张时心跳加快、害羞时满脸通红，这些都是人体内部的生理反应过程，常常伴随不同情绪产生。

第三个层面，外部行为。在情绪产生时，人们还会出现一些外部反应过程，这一过程也是情绪的表达过程。如人悲伤时会痛哭流涕，激动时会手舞足蹈，高兴时会开怀大笑。伴随情绪出现的相应身体姿态和面部表情，就是情绪的外部行为。它经常成为人们判断和推测情绪的外部指标。但也有例外，比如在大群人面前演讲时，明明心里非常紧张，还要做出镇定自若的样子。

针对以上情绪的组成要素，家长日常的情绪管理教育可以分四步来开展。

第一步，通过生活中真实的情绪表达，让孩子了解各种情绪所引发的生理反应和外部表现。锻炼孩子识别他人情绪、察觉自身情绪的能力,明确情绪没有好坏之分,要学会接纳各类情绪。家长在家庭生活中,不要刻意地回避自身的真实情绪,比如,加班到很晚的爸爸,饥肠辘辘又看到孩子的试卷成绩不佳,此刻,很难不生气。一般家长认为发完火以后睡一觉就没事了,更好的方法是,可以和孩子进行事后分析,告诉他自己客观的生理状态不好,所以加剧了对孩子成绩不佳的情绪表达。让孩子明白,家长情绪的爆发并不是完全因为孩子。

第二步,虽然情绪不分好坏,但是生理状态和表现却会影响到自身和他人的健康,教会孩子运用更多的方法积极地克服情绪带来的不良反应,从而控制情绪引发的不良外部行为。如教会孩子遇到不开心的事,如果不想和父母说,可以通过听音乐、看电影、散步等方式进行调节,家长不必着急去做出反应,要让孩子自己消化情绪。

第三步,充分肯定第二步的情绪训练成果,激励孩子积极地面对负面情绪,并通过自我分析、观察环境、改变态度等方式,培养其主动转化情绪的能力。比如,当孩子在学校与同学发生矛盾时,鼓励他先把情绪放一放,分析矛盾的起因与实质,站在不同的角度看待问题,如果自己没错大可不必难过,如果自己错了就坦然接受并改正。

第四步,学以致用,鼓励孩子在自我调节的基础上,帮助家人、同学、朋友调整情绪。比如,家长在家里,可以分享自己的情绪,请教孩子该怎么办,锻炼其关爱他人的能力。

通过上述日常的情绪管理教育技巧，培养孩子自我情绪调节力，搭建家庭身心平衡调节模式，让家成为每个人情绪、能量的补给站。

四、探索更广阔的天地

家是孩子的港湾，既起到了遮风挡雨保护他们成长的作用，还具备了帮助孩子整装待发，为他们远行提供支撑的功能。在孩子真正独立面对这个世界之前，家长有必要锻炼其勇于探索未知的能力，在可控的范围内，为其提供独立选择与决策的机会，并给予其足够的试错空间，这将有效提高孩子的成就感与满足感。

余先生是一位国企管理层人员，他有两个儿子，大儿子13岁，小儿子3岁。最近，他很自豪地和周围人分享了一个"创举"——他"授权"大儿子为一家四口安排了一次五天三夜的短途旅行。朋友们听说都惊呆了，天呐，他怎么敢？万一没安排好孩子岂不是很失落？"要给孩子一点探险的勇气，最不济我们陪着稍微受点苦呗，有什么可失落的？"

余先生告诉大家，这个计划他想了很久，疫情给大家带来了很多压抑的情绪，其实对他们小家庭来说也一样，尤其是二孩家庭，同在一个屋檐下，难免会有摩擦，大儿子又处于青春萌动期，与其放任他自己不知道怎么消耗能量，不如给他找点有意义的事做。深谙人力资源培训之道的余先生说："男生嘛，更应该培养他的耐压力与挑战力。"

说干就干，余先生认真地思考了孩子能力范围内的目标，并默默做了相关功课，制定了诸多应对突发事件的隐形方案。然后全家坐下来，进行正式的"项目授权会"。

余先生用纸写下了此行的时间、目的地、希望获得的体验以及授权范围：一笔钱、一台电脑、一台照相机。他又补充道：碰到任何困难可以寻求父母的帮助。

让他喜出望外的是，接到任务后不久，儿子就用电脑搜索各类信息，综合家庭需求做出筛选，制定了"旅游策划方案"，内容翔实，包括入住酒店、出行工具、游玩路线规划、美食信息等。

"从那一刻起，我知道他长大了。我给了他充分的肯定，稍作细节修改后，全家就跟着儿子开启了五天三夜的探索之旅。"整个旅行过程，当然会出现各种小插曲，"有的景点和网上搜索的效果不一样""有的酒店临时提价，只能调整预算""半夜弟弟肚子疼，没有带适合的药，紧急联系最近的医疗卫生所配药"，因为余先生提早默默地做了预案，遇到突发事件后，并没有惊慌和指责，而是指导大儿子积极应对，主动协调现场情况，这也让平时不了解爸爸管理能力的大儿子，对父亲有了新的认知，一家人的关系也更紧密了。

(笔者根据真实事件改编)

　　在家长的支持下，孩子去探索新世界，对于孩子来说，他们感受到父母对他们的绝对信任，这对提升孩子自信心、责任心具有现实意义，而在探险过程中，孩子会深层地认识到"恐惧"这种情绪多半来自知识和经验的匮乏，而"失望"这种情绪更是来自内心不符合实际的期待，进而能够更积极主动地在动态发展中，学习新知、调整目标。当然，这么做还有促进家庭和睦的作用，能够带着孩子一起去探索的父母，在孩子心中的权威性与指导性将得到新的体现，更能收获孩子的孝心，也更能帮助孩子成长。

第二章

学之欢愉

阐述学艺、学技之目的，滋养生命体验

　　世界在迅猛发展着,人工智能的兴起指向了一个多元变化的未来,作为家长不能仅仅停留在让孩子学会技巧、知识以适应现在的社会需求,而应该充分考虑学习与孩子未来生活、待人处事、自我发展的关系。学习的意义,在于引导孩子通过更多感知的途径了解这个世界,并掌握更多技能去探索未知的世界,同时拥有丰富的语言词汇去表达内心的世界,要在这三个维度上去阐述学习的目的,调整教育的方法,培养孩子主动学习、乐于学习、终身学习的习惯。

第一节　处事之乐

　　心学大师王阳明,一生致力于将"知行合一"的理念贯穿始终,并教育其门下弟子,"致良知"的理想需"事上练"。在贵州讲学期间,他养成了每日静坐与讲学的习惯,他认为"吾辈平日为事物纷挐,未知为己,欲以此补小学一段放心功夫耳"。曾经有一位学生向他发出了和我们当代人一样的疑问:"先生,静时亦觉意思好,才遇事便不同。如何?"他答曰:"是徒知静养而不用克己工夫也,如此临事,便要倾倒。人须在事上磨,方能立得住,方能静亦定、动亦定。"教育的根本目的,是培养孩子能够学以致用,能够在现实的磨炼中,不断提升自身的学习能力,发现自身的不足,及时修正错误观念,调整心态克服困难,实践到具体的事情中,将个人的前途发展和社会进步事业联系起来。

一、在生活中体悟酸甜苦辣

我们看到的世界,是由多种物质组成的,古人曰:"天、地、阴、阳、木、火、土、金、水:九;与人而十者,天之数毕也。"(董仲舒《天地阴阳》,《春秋繁露》卷十七)这里面,既有看得见的物质存在,比如"天地",也有看不见的意志存在,比如"阴阳",还有构成我们生活必要元素的五行——或显或隐、或大或小的物质相互作用形成统一,这就是古人的宇宙观,而天人合一,人是天地精气的聚集,也同样蕴藏宇宙运行的规律。我们要培养孩子未来适应环境的能力,首先要在日常的生活中让他们感受生活。

人类通过眼、耳、鼻、舌、身、意去感受已知世界,学习不仅仅是学课本上的知识,探索世界,感受环境,更是一门大学问。我们的祖先,一代又一代地在顺应风土中总结经验,不断提升着对外在事物的感知度、敏锐度,帮助人类后代更好地汲取自然养分,避免能量匮乏与失衡,为生存提供源源不断的活力。

人们平时忙于工作、学业,可能并不会注意,饮食也是很好的家庭教育机会。《朱子家训》有言:"一粥一饭,当思来处不易;半丝半缕,恒念物力维艰。"很多孩子习惯了家长或是学校为其包办衣、食、住、行,很难懂得珍惜,家长可以试着从采购开始,让孩子独立做一道喜欢的菜。

别小看一道简单的菜,从采购、清洗、处理、烹饪、调味、厨余垃圾分类、处理剩饭剩菜、清洗碗筷等,所有的过程都涉及物资的使用与节约的问题,很容易因不恰当的操作导致资源浪费。当孩子亲身体验了这样一个过程,一方面家长可以引导他们对平时习以为常的饮食更加珍惜,另一方面可以建议他们根据绿色环保的理念对一日三餐中的坏习惯进行修正。

不同时代、不同地域有着不同的饮食习惯,这些习惯影响着我们的每一天,也同样影响着人文环境。老子在《道德经》中大赞伊尹"治大国若烹小鲜"。南北菜系烹饪技法的千变万化,成为士大夫阶级感悟治国安邦之道的生活源泉;雅俗共赏的菜肴品色,更引来文人骚客从锅碗瓢盆、油盐酱醋中演绎出诗词歌赋的人文情致。物质享受和精神愉悦和谐统一,共同成就中华饮食文化的精妙。

"吃饭"还能反映一个社会的文明程度,它体现了一个社会的物质文明、文化底蕴、道德水准和素质修养。餐桌礼仪、就餐制度、就餐的安全健康意识等,都是社会生态文明在餐桌上的体现。据报道每年我国大众消费领域的餐饮浪费,相当于浪费了我国 24% 的耕地;浪费的水资源大约为 8 650 亿立方米,相当于我国水库的总容量,更多的浪费数据不忍去计算。国内外专家都纷纷呼吁,饮食习惯直接体现了人、社会与自然的关系,在生态文明的框架下,每一个家庭都应深度理解饮食上的适度与节约,与孩子一起重温"锄禾日当午,汗滴禾下土"所传达的感恩之情,改善家庭成员的日常生活习惯,例如:正规渠道采购食品、少油少盐、营养均衡、按需定量、杜绝过度包装、注意垃圾分类等,从我做起,从小事做起,建设新时代的餐饮生态文明。

诚如汪曾祺先生的《人间有味》所表达的那样:"厚重的人生,与生活的好奇,世间万物的喜悲之心,轻描淡写地藏在一茶一盏、一饭一蔬之中。"

家长帮助孩子了解食物与生命的神奇联系、自我习惯与社会环境的关系,便能让孩子"以小见大",体会更多生活的真谛。面对日益匮乏的自然资源和迅猛发展的都市文明,家长应格外注重培养孩子在衣、食、住、行各方面的节约意识、绿色生态意识,引导孩子树立正确的生态文明观念,体验酸甜苦辣咸的人生滋味,培养自身生存的经验,增强对资源与生存问题的思考,积累出属于我们自己的生存直觉,帮助我们度过美好的人生。

二、在实践中培养价值感

根据《中小学德育工作指南》的要求,我们的教育目标是将孩子培养成"有真才实学、有家国情怀、有生态自觉"的新时代公民。

习近平总书记引用北宋学者程颢所说"仁者,以天地万物为一体"，意在强调中国人历来讲仁爱、尚和合，我们不仅关心自身发展，还关注与天地万物、外在环境的相亲相爱、互相融合的关系。这不仅仅是中华民族的智慧，更是人类命运共同体的时代呼吁。

孩子在学校学习中，很容易产生"这些东西有什么用"的困惑，根据心理学理论，每个人的自我意识成长都离不开其与环境的互动关系——实践，就是由人将理论转化为现实的创造性活动。实践活动可以激发学生调用已学知识并吸收新信息，培养孩子与同伴合作分工的能力，更有利于孩子形成对自我、社会、环境的整体认知。

家长要充分汲取古人的智慧，立足当代、放眼世界，培养孩子改善身边自然环境与人文环境，建立人与人、人与环境、人与社会和谐共荣的能力，在实践中，不断提升自我价值感。

王先生的大学专业是生物学与环境保护，现就职于某机关，在自己工作岗位上并没有太多机会运用本专业的知识，这使他常常感到可惜。最近，他因为组织了亲子教育实践活动，变得越来越开朗。王先生的孩子正读高中一年级，学校的生态文明学期汇报要求"以绿色、节能、环保、实用、优美为原则，分小组参与各自生态家园建设"。为了发挥自己的专业优势，帮助孩子更好地做学期汇报，他组织了一个"课题小组"，每周组织孩子们一起做生态调研。

为了让孩子们更了解自己所处环境的特色，王先生让每一位同学先从熟悉周边的生态环境（如校园、社区、居住区域、家长工作区域等）开始，实地调查自己所熟悉的成长环境的变化，并按照调研记录要求认真记录下自己的感受与建议。

王先生严谨、科学的态度，感染了同学们，他们都积极地参与到观察、记录中。王先生收到同学们的记录，很感动，同学们不仅关注了自身所处环境的状态，还记录了学习、生活在该环境中的人们的习惯，并用自己所学，提出了建议，虽然这些建议还处于理想化的状态，但也不乏创新之处，看得出来，孩子们正用自己所学的知识努力改变环境。

接着，王先生通过传授生态文明知识，结合孩子们的调研结果，一起制定了《家园环境保护与改善方案》，通过分组，孩子们分别整理相关政策及法规、撰写改善措施建议、拍摄环保宣传视频、设计生态家园图纸等，不仅收获了令人满意的学期汇报评比结果，更让孩子们感受到生物与环保课题对每个人的意义，在实践中获得的和谐共生理念和环保知识比课本上的更为生动、深刻。

（笔者根据真实事件改编）

只专注于孩子的学习而不关心其应用的教育方式，只会让孩子所学无用武之地,最后成为"纸上谈兵"。案例中,王先生并没有小看学校的课外实践课题,而是热情地用自己所学去感染孩子们,教会孩子绿色、节能、环保并不仅仅是理念,更可以成为一种生活方式,在团体合作中,发挥自己所长,共同实现课题目标,充分体现自我价值,这激发了孩子们进一步吸取知识的动力。近年来,全球教育界越来越重视"劳育与德育"相结合的方法,强调孩子在家庭环境中应该承担的责任与义务,很多学校更"超前"地让学生共同参与校园环境设计,通过"事必躬行"的教育理念,增强学生参与社会实践的主动性与成就感。

《管子·权修》有云:"一年之计,莫如树谷;十年之计,莫如树木,终身之计,莫如树人。"树立远大志向,践行初心使命,要从小开始培养。实践是检验真理的唯一标准,所学知识有用武之地,才能越学越有动力,也才能纠正自己的行为偏差。家长应帮助青少年从多角度观察、思考,形成稳定持久的学习型人格,为其个人价值在社会中得到更好发挥打好基础。

三、在挫折中训练成长思维

上天完全是为了坚强我们的意志,才在我们的道路上设下重重的障碍。

——泰戈尔

诚然,我们每一位家长都希望孩子在社会中能得到善待,但是,我们更需要锻炼孩子的韧性。每个人在社会上都不可能永远顺风顺水,势必会遇到挫折、困难。而韧性,能让孩子在面对挫折时,依然保持积极的人生观。斯蒂芬·卡马拉塔在《直觉养育的力量》一书中说,要形成韧性,势必需要遭受失败,学会处理失败,才能最终取得成功。事实上,童年正是一座训练场,孩子在这里犯错、得到教训,发展应对技巧和韧性等各种能力。允许孩子经历躁动、失败、跌倒这些重要的经验,不只是帮助他们学习与成长的好方法,而且是最好的方法。错误是人生最伟大的老师。《每一次挫折,都是成功的练习》的作者洁西卡表示,当孩子犯了错,父母必须谨记:"后果所传递的教育意义是一份礼物,而不是代表父母玩忽职守。"她写道:"经过这些年,我'最好的'学生——在人生中最快乐、最成功的学生,是那些被容许失败、为错误负责,而且在面对错误时能挑战自我极致的孩子。"

《要意:养出准备好面对人生的孩子》一书中列出了"孩子必经的 20 个挫折清单",详细列举了大人觉得孩子可能会伤心但必须自己面对的挫折,如:好朋友一起出去玩却没有邀请自己、宠物的死亡、弄坏了家里昂贵的物品、努力学习仍然成绩不好、努力讨好的人还是讨厌自己、说了不该说的话,等等。

家长必须学着把自己可能想努力避免,或者害怕会发生在孩子人生中的事件,视为建构智慧与观点的成长助力。

当孩子真正面对挫折时,可能会不知所措,或者痛苦懊恼。如果孩子还不能完全独自面对，需要父母适当引导，父母具体应该怎么做呢？

成功和失败都只是一种可能

有考试就有可能不及格；有朋友就有可能被排挤；听讲了就有可能会忘记老师说过的知识点；好不容易组织一次野餐，有可能因为下雨而取消；畅销的玩具，有可能卖光……

孩子的生活简单，也会为了这些看上去很小的事而情绪低落，这时候，家长可以让他们懂得"不如意"是一种常态，对于大人来说也是一样的，一生都会面临成功和失败，所以我们要提前管理自己的期待值，不要因为事情不符合自己的预期，或遭遇了点小麻烦，就觉得天塌了下来。

当我们的孩子，参与重要比赛或者考试，我们告诉他们"赢得比赛只是一种可能的嘉奖，但努力付出才是最真实的收获"就很有必要。教育是一件很漫长的事，其间我们要允许孩子的部分小目标没有实现，让他们体会挫败与失落，趁着这个时候，家长要教育他们，挫折也是生活中不可避免的一部分，需要正视、接纳并重新面对。

给孩子消化挫败感的时间

当孩子遭遇挫折的时候，家长是否需要第一时间出现在他们身边，安慰他们？需要根据不同情况采取措施。如果孩子因为和同学争抢玩具而哭闹，第一时间去安慰，并不是一个明智的选择,因为这个时候孩子只是在为了自己的需求寻找帮衬,家长应该让孩子们自己去处理,等孩子情绪平稳了再进行教育。但是,如果孩子是因为一次重要的比赛失败或者考试没考好而难过,那么家长一定要在孩子向你诉说这件事的时候给予第一时间的鼓励与安慰,并给予孩子自己消化挫败感的时间,然后再问他们:"你的感受是什么?"然后问他下次能采用什么方法来改变这种情况。

家长的态度,可以让孩子真正地思考起来,这样他们才能想出更多的解决方案,提升自己的能力。不要轻易否定他们的想法,否则你会打击他解决问题的热情和创造力。

"你真聪明"与"你真努力"

现在我们已经明确,家长要适时出现,给孩子一些鼓励,但怎么鼓励,才能让孩子更好地面对挑战,战胜挫折呢?

有这么一个实验:研究人员让 400 个五年级的孩子完成一幅较难的拼图,由于拼图难度太高,两个组最终都没能完成。然后,研究人员又让孩子去完成一幅更容易的拼图,结果,被夸"聪明"的孩子因为没能完成第一轮的拼图而倍感受挫,表现比上一轮差了 20%,而另一组同学的表现则比第一轮提升了 30%。

实验说明,对努力、认真等具体行为的鼓励,能让孩子更好地面对挑战。所以,下一次当孩子们遇到困难,家长可以从他们面对困难时表现出的一些积极行为入手,给他们信心。

比如参加比赛,我们可以说"你已经花了很多时间做了非常全面的准备""最近你特别注意调整自己的状态,看上去效果很好"……关注孩子努力的状态,是尊重他们人格的表现,可以给孩子更大的信心去对抗挫折。

引导孩子解决问题

遇到挫折,有人会从自身找原因,有人会把原因归到外界。那些能从内找原因的人,往往拥有更强大的信念,明白自己的人生要靠自己努力来改善。在孩子遇到挫折和困难时,允许孩子伤心、哭泣,但一定要把孩子引导到"如何解决问题"的道路上来。可以围绕着失败和错误,帮助孩子建立面对失败的思维:为什么会失败或犯错? 自己已经做到了哪些? 还有哪些自己想到却没有做到? 有哪些不可控的因素? 接下来该做什么? 这样的思维锻炼,在孩子遇到问题和困难时,能帮助他们积极地想办法解决,而不是抱怨或逃避,这样的孩子在以后的学业或者事业中,就能克服万难取得成就。

有研究表明,一个人能否在一个艰苦的课程中坚持下去,和他们的身体素质、领导力、智商等关系不大,和百折不挠的精神关系最大。

艺术学习、体育竞赛、科学实验的成功,都需要屡败屡战的精神,挫折教育不仅仅是教会孩子克服困难的心理疏导,更是通过一次次跌倒后的站起,强大孩子的精神内核,助其行稳致远,无惧风雨。

四、在阳光下肆意奔跑

热爱、坚韧、勇敢、不馁,成为年轻人崇尚的新时代精神力量,不论是面对体育竞赛的奋力拼搏,还是面对舆论追捧的淡定自若,新时代的新青年,已经找到了更适合自己的成长动能。

作为家长,更应该与时俱进,鼓励孩子去打破界限,探索未知,努力实现人生追求,同时享受自在的人生。要相信,在这个过程中,快乐能量会感染到身边的人,每个人都能找到属于自己的领域、方法、平台,通过自性驱动积极成就更好的自我,汇聚在一起的正能量推动社会朝着稳定向上的方向发展,终将使现实世界变得越来越接近理想中的模样。

36天斩获6枚金牌的中国滑雪运动员谷爱凌,用勤奋和天赋获得成绩,更用真诚坦荡破圈。撇开那些"中国第三金""世界纪录创造者""斯坦福学霸""天才美少女"等光环,谷爱凌真正值得学习的,是她保有充分调动内在力量的人格特质。

谷爱凌喜欢滑雪,3岁就开始接触,之后参加专业训练和比赛。但这些并没有让她放弃其他应该完成的学业,甚至她一直处于一边读书、一边训练的高强度状态,当人们惊叹于她的耐压能力时,她却说:"我是一个典型的处女座,我喜欢探索生活中各个领域,然后绽放我性格里追求完美的那个特质。除此之外,我只是一个普通的女孩,我也睡懒觉、爱吃、爱和小动物玩。"不鸣则已,一鸣惊人,当她屡屡以完美之姿站上领奖台,有记者问"你现在已经可以考虑成为职业选手了",谷爱凌却回答"我想当一名职业的滑雪选手,但前提是它能给我带来快乐……如果滑雪不能给我带来快乐,我就不会去做职业选手"。

2022年4月,她作为运动员代表向青年发表演讲,题目是《自信的青春》,她以美妙的钢琴演奏开场,然后充满自信地站在舞台中央,说道:"我们年轻人会听到很多外界的声音,来自家长、老师、朋友、社交网络,等等,他们都希望我们成为'好'的人。但是,'好'与'美',怎么定义呢?不同的地方、不同的文化、不同的角度,定义都会发生改变。所以,我们最需要倾听的是自己内心的声音。"

(有关谷爱凌的更多事迹,详见《中国青年报》2022年2月15日殷锦绣撰写的报道和2022年4月18日央视新闻播出的谷爱凌演讲《自信的青春》。)

诚如以上案例所说,自信是可以培养的,人们首先需要学会无条件地接纳自己、包容自己、爱自己,既相信自己能做到,也允许自己失误,享受探索与挑战的过程,远远比只看结果成败更能够滋养心灵。很多人因为自己的刻苦努力并没有换来别人"好"与"美"的褒奖而失去自信,谷爱凌却在超越自我的快乐中,找到了自信。她说:"滑雪是我自信的来源。我爱的是过程,不是结果。"此次自由式滑雪女子大跳台决赛,谷爱凌比得并不轻松。前两轮过后,只排在第三位的她面临两难选择:求稳保前三,还是求变争第一。最终,18岁的谷爱凌在第三轮用空中旋转1620度的高难度动作高分夺金。事后,谷爱凌坦言,这个动作因为难度太高、危险性大,她在赛前已经和妈妈讨论过不采用。但是,追求更完美、挑战不可能,正是竞技体育的魅力所在。她深思熟虑以后,决定放手一搏,不仅仅是为了结果,而是实现从小到大的梦想——在北京冬奥会上践行"更快、更高、更强、更团结"的奥林匹克格言。最终她获得了母亲的同意,以强大的自主性调动内在动能,完成了自信的一跳。

世界著名指挥家、钢琴家、音乐大师丹尼尔·巴伦博依姆在其自传《生活在音乐中》中说道:"对音乐的喜爱与领悟,是不分种族、社会或地区的。领会音乐并不是依赖技巧或天分,它需要人们不断完善灵性并持续探索——这是追求任何学识的先决条件。我的人生时光,都沉浸在音乐之美中,并因此认识到许多关于我们自身和世界的新视角,这让我感到无穷的愉悦与满足。"再次证明,当我们掌握了人格的向上驱动力,热爱将促使自主性发挥正向的作用,人们会积极实现自己选定的目标,并通过改变环境来不断完善自己的选择,最终导向最佳结果。

　　"音乐和体育服务于人的两部分——爱智部分和激情部分。"早在大约公元前 400 年,伟大的古希腊哲学家柏拉图就在《理想国》中解释了以上事例所蕴含的奥秘(《国家篇》412)。他认为音乐通过节奏、和弦与旋律陶冶心灵之美,体育通过操练、力量与速度平衡身体之美。这些和谐之美,在人类智慧深处生根发芽,令人自动远离丑恶与败坏。而在追求美的过程中,人们享受自信与快乐,如甘泉沁润心脾,能使我们忘却艰辛与疲惫,最终促使我们成为善良且富有能量的人。

第二节　待人之乐

　　教育的本质,是促进人与人之间的关系,这种关系,不仅仅是师生之间的知识传授,或是同学与同学之间的竞争,更应该是开放的、融洽的、互助的。宋庆龄在《中国建设》1963 年第 6 期上发表的《缔造未来》中说道:"教育是为了让孩子具有正确的世界观,确立明辨是和非、正义和非正义、真理和谬误的标准。最重要的是,他们必须从人类克服一切艰难障碍而长期进行的斗争中吸取教训,这场斗争是为了在人与人的关系中消灭剥削、压迫和战争。"

一、独乐乐不如众乐乐

美国心理学教授霍华德·弗里德曼和莱斯利·马丁经过20年的研究,从研究对象多如牛毛的生活习惯中总结出一些影响寿命的决定性因素,并发表新著《长寿工程》。该书列出了"长寿关键要素排行榜"。其中,第一名竟是"人际关系"。研究表明,人际关系的重要性远远超乎想象。人际关系可能比吃水果蔬菜、经常锻炼和定期体检更加重要。哈佛大学医学院一项对268名男性进行的跟踪调查发现,一个人生活中真正重要的就是和别人的关系。

所谓人际关系,又称人际交往,当然是人与人之间的互动关系。而这里的人,则应是正常的人,即具有健全人格的人。而所谓健全人格,即是指人格和谐、全面、健康的发展。

根据专家的研究,一个人的人格健全主要表现在以下几个方面。

第一,是客观的自我认识和积极的自我态度。这包含三层意思,首先是有自我认识,并且这种认识是全面的、丰富的;其次是不歪曲自己的特性,即既不夸大也不轻视自己的长处和短处;最后是能够经常意识到自己在做什么,感受到什么,并知道行为、体验缘何而起。积极的自我态度必须建立在客观的自我认识基础之上,但是又不全受它限定,而是指一种"尽管认识到自己有长有短、有好有坏,但仍然从总体上认可自己，接纳自己，对自己抱有希望"的态度。

第二，是客观的社会知觉和建立适宜的人际关系的能力。人格健全者应能准确地从别人的言语、行为中体察别人的思想、愿望和感受，了解别人对自己的看法和态度。而且，他对别人的了解是建立在事实根据上的，而不是主观臆测的。此外，他对人的态度特征和人际交往技能应有助于建立适宜的人际关系。

第三，是生活的热情和有效解决问题的能力。人格健全的人应该热爱生活，有投身于工作事业和家庭的热情。要具有与自己年龄相符的生活能力。

第四，是个性结构具有协调性。人格健全者应该有统一的人生观和世界观，个性倾向的各部分（需要、兴趣、动机、理想、信念和世界观）之间应该能保持一种动态的协调、平衡。而且他的认识、情感和行为之间也应该协调统一。

现实生活中，我们大部分人都或多或少存在着人格发展的不足，而当人格不健全时，我们的行为和认知就会出现偏差，严重的情况下还会做出错误的行为。这就不仅影响到我们自身的生活，也可能影响到他人的生活。

一个人格健全的人，不仅自身幸福，也能给周围的人带来欢乐，所以说健康的人格是正常人际交往的基础。

当然，我们并非生来就人格完美，或者注定一辈子人格失调。无论我们是否拥有强健的心灵，我们都可以不断努力来完善自己的人格，从而获得更加美好的生活。根据社会科学家的研究和无数人的生活实践探索,我们可以试着通过以下途径来逐渐完善自身的人格。

第一,认识自我,优化人格整合。我们要认识自己,包括自己的优点和缺点。无论是寂寞地独处,还是在喧闹的人群中,我们都能看到真正的自我,只要留心,我们会慢慢了解自己,也了解自己的潜能和局限,进而明确自己的目标和即将为之付出的努力,而不会因高估或低估自己而痛苦。我们的人格存在美好的一面,也有阴暗的角落,因此我们要不断加强自身优秀的一面,比如正直、乐观、坚强、富有爱心等,克服不良的一面,如自卑、虚荣、悲观、怨天尤人等。

第二,努力学习科学文化知识,提高自己的理性思维能力。培根有句名言:"知识就是力量。"荣格也说过:"文化的最后成果是人格。"学习科学文化知识,增长智慧的过程也是优化人格整合的过程。事实上,有不少人格发展缺陷缘于无知,如无知容易使人自卑、粗鲁,而丰富的知识则使人自信、坚强、理智等。要学会理性思维,防止"过犹不及"。凡事都有"度",人格发展和表现的"度"也是十分重要的。具体说来,应该是:自信而不自负,自谦而不自卑,勇敢而不鲁莽,果断而不冒失,稳重而不犹豫,谨慎而不怯懦,豪放而不粗俗;好强而不逞强,活泼而不轻浮,机敏而不多疑,忠厚而不愚昧,干练而不世故,等等。

第三,积极参加社会实践活动,从小事做起。古人云"勿以善小而不为",社会生活实践是人格发展的必由之路,无论是知识的获取、能力的形成,还是意志的磨炼都离不开实践。诸如一个人的勤奋、坚韧、乐观、细致等人格特征都是长期实践锻炼的结果。一个人的一言一行往往是其人格的外化,反过来日常言行的积淀成为习惯就形成了一个人的人格。例如某人有勤刷牙、梳头、洗手、换衣服、剪指甲等习惯,就反映了他具有"爱清洁"这一人格特质。因此,优化人格整合要从眼前的小事做起,无数良好的小事可"聚沙成塔",最终构筑优良的人格大厦。

第四,发展良好的人际关系,融入集体生活。人格发展、塑造的过程是个体实现社会化的过程,是个体与他人、集体、社会相互作用的过程。健全的人格是正常人际交往的基础;反过来,通过良好的人际交往,人格又能得到提高和改善。人格是表现在行为中的,健全的人格也只有在人际交往中才能体现出来。要想塑造健全人格,必须发展良好的人际关系。

第五,锻炼身体,强健体魄。人格发展的过程是体质、心理因素与智力因素协同作用、相互促进的过程。拖拉、懒惰、急躁、怯懦等人格发展缺陷与不坚持体育锻炼有显著的关联。

第六,学会自我调节。自我调节包括自我教育、自我约束等。要学会通过自我暗示、转移注意力等方法调节好自己的情绪。

爱因斯坦说过:"一个人智力上的成就很大程度上取决于人格的伟大,这一点往往超出人们通常的认识。"心理健康的人不仅能接受自我、悦纳自我,也能接受他人、悦纳他人,充分认识、肯定别人存在的重要性,乐于与人交往,让他人了解和接受自己,人际关系和谐,有自己的朋友,具有同情、友善、信任、尊重等积极的态度,因而有充分的安全感。

二、善于发现他人所长

"能择善者而从之,美自归己。"(《资治通鉴·宋纪》)这句话的意思是,能选择别人的长处去学习它,这种长处自然也就影响了自己,让自己变得越来越优秀。

可惜的是,在竞争如此激烈的社会,家长很难践行这样的古代智慧。比如说,孩子在班级里碰到比自己优秀的人,可能每次考试都超过自己的孩子,这时候更容易产生嫉妒、自卑的心理,觉得孩子不够认真,所以没有得到相同的好成绩。又比如说,自己在工作中遇到一些业绩能力比较好的同事,并不好意思主动和他们交流,询问他们的经验。

古希腊神话中普罗米修斯创造了人,给每个人挂上两只口袋,一只装别人的缺点,另一只装自己的。装着别人缺点的口袋挂在前面,另一只挂在后面。因此人们总看见别人的缺点,自己的却看不见。诚如先贤所说:"世上不是缺少美,而是缺少发现美的眼睛。"

战国时期,滕国地处宋楚两大强国之间,随时有被吞并的可能,滕文公是战国时期滕国的君主,在滕文公还是太子时,他就立志要让自己的国家变得强大。可是怎么才能变得强大呢?他遍寻贤士也想不出好办法。

有一次,滕国太子从楚国路经宋国时遇见了大名鼎鼎的孟子,于是,便虚心地向孟子请教,希望孟子能告诉他一个让滕国变强大的方法。孟子很欣赏这个前来求教的年轻人。孟子首先勉励他,古往今来,不论是圣贤还是普通人,本性都是积极向上的,都有着无限可能,圣贤能做到的,普通人经过努力也能做到。滕文公当时还小,并没有听懂,孟子耐心说道:"今滕绝长补短,将五十里也,犹可以为善国。"意思是说,要想使国家真正富强,并不是要和其他国家比土地面积,现在的滕国,如果把长的面积补到短的地方,也有方圆五十里了吧,如果滕国的主公能向尧舜学习,实行仁政,让百姓安居乐业,幸福感上升,照样可以把一个小国治理成一个很好的国家。

滕文公牢牢地把孟子的话记在心里,当他成为国君后,并不急于扩张国土,而是安居一隅大力实施仁政、重修礼制、兴办学校、改革赋税等。没过多久,滕文公名声大作,深得民心,被誉为"贤君",闻名自愿来滕国定居者络绎不绝。数年后,滕国人丁兴旺,国富民强,善国之名远扬天下。

　　"金无足赤人无完人"，每个人都有客观的优缺点，我们教育的目标并不是让孩子成为完美之人，而是能因地制宜、因材施教地让他们懂得"取长补短"，通过了解自身的不足并发现他人身上可以学习的优点，锻炼孩子不断自我完善的能力，培养孩子带着欣赏的眼光和宽广的胸襟去看待成长过程中遇到的人和事。这样他们的内心也会越来越强大，眼界也会越来越宽广，能力自然也越来越强，人生更会越来越精彩。

　　学会发现别人的优点，因为每个人都有值得欣赏的地方。当你真诚地欣赏别人，别人才会更好地欣赏你。

　　《论语》有云："三人行，必有我师焉。""择其善者而从之，其不善者而改之。"这体现了儒家文化中与人相处的一种智慧，纵观华夏文明历史，无数经验和教训证明，善于学习别人的优点，而以他人的缺点为戒的人，才能在山高水长的人生之路上有所作为，立于不败之地。

　　人这一生，既存在和他人的竞争关系，也存在相互学习、帮助的关系，而孩子正是在良性的竞争与学习中获得成长。如果我们在教育中，只强调竞争关系，遇到任何事情，都只关注自己孩子的成败，那么在漫长的人生中孩子必然会变得狭隘、孤独和乏力。相反，如果家庭教育注重培养孩子的合作精神，能够从他人的优缺点中找到让自己受益的东西并学习，从而改善自己的不足之处，那么孩子必然会快速地成长，这种兼收并蓄的本领将帮助他成长为更优秀的人，塑造出他独特的竞争力。

三、经营友谊的小船

人们常说"物以类聚，人以群分"，一个人什么样，看他的朋友就能判断出来。对于孩子，也是一样，千万不要忽视朋友对孩子的影响力。

孩子间的友谊，除了单纯和美好外，和大人世界一样，也会有争吵和冲突，甚至还会有孤立和排挤、嫉妒和伤害、欺侮和霸凌……家长既要让孩子体会到友谊的美好，也要教会孩子远离不良关系。这是当代社会不得不正视的话题。

近日，美国《今日心理学》杂志发表了艾琳伦纳德博士总结的"不良友谊"的几个特征，呼吁家长多多留意，及时发现孩子的异常，如果孩子陷入此类关系，要及时给予孩子引导和疏解。

- 孩子经常不开心甚至哭泣；
- 自信心萎靡，对以前喜欢的活动失去兴趣；
- 为了让朋友开心一味讨好对方，被嘲笑、轻视；
- 提出的想法总是得不到重视；
- 在一段友谊中一直没有进步，产生了厌恶自己的想法。

举例来说，孩子可能有以下表现：

> ● 最好的朋友突然有了"新欢",于是就将"我"抛弃,"我"小心翼翼地去挽回,却无功而返;
>
> ● 和朋友一直相处得很好,但有次考试超过了他,他就开始疏远"我",并在背后说"我"的坏话;
>
> ● 朋友总是对"我"挑三拣四,总让"我"感到无地自容,为了维持友情,"我"总是讨好他……
>
> 总的说来,就是孩子在这类情感关系中,受伤多、欢喜少,常常沮丧、愁眉苦脸。

在现实的升学压力下,有些家长对孩子喋喋不休地描绘和朋友之间的琐碎小事,表现得不以为意,觉得孩子就应该"以学习为重",其他事情都不重要,或是抱着"小孩子之间的事,长大了就忘了"的心态。殊不知,很多青少年心理问题,都源自朋友带来的烦恼,"友情"对孩子的重要程度,远比我们想象的要大得多。

友谊,是孩子成长路上不可或缺的部分。《教养的迷思》作者朱迪斯·哈里斯更是认为,同辈群体往往才是塑造儿童行为和改造孩子性格的地方。良好地融入群体,且有稳定的伙伴,对于孩子来说是非常重要的社交本能,尤其是儿童和青少年,一旦被团体排斥就会产生极大的焦虑感。

哈佛大学的心理学、教育与发展教授罗伯特·塞尔曼(Robert Selman)对 250 多名 3—45 岁的不同人群进行了访谈和研究。访谈发现,在我们的一生,对友谊的认识和理解是不断变化的。

其中,矛盾最集中、影响最大的是初中阶段,处于青春期的少男少女,正在探索生命的真实性,在初中生眼里,友谊是一种持续的、亲密的、忠诚的关系,不仅包括为彼此做事情,朋友之间还会产生占有欲、依赖性和排他性。所以,对他们来说,"最亲密的朋友"往往比亲情还要重要,一旦失去就会痛苦万分。

作为家长,要应对孩子从3岁到23岁不同年龄阶段的友情需求,掌握影响孩子参与他人活动的动因,并教会他们如何对待友谊,学习如何建立及保持健康的关系。鼓励孩子信任、支持朋友,建立友谊的同时,让孩子和朋友学会尊重、分享和承担责任,在朋友需要的时候提供帮助,学会尊重朋友的自主性,懂得给予对方自由,这些都能让友谊更长久。

人物介绍

朱迪斯·哈里斯(Judith Rich Harris,1938年2月10日—2018年12月29日)是美国心理学家、作家。1995年获美国心理学会颁发的乔治·A·米勒奖。因出版《教养的迷思》一书挑战并扭转"家长是儿童人格发展最重要的关键"这个论点而广受注目。著有《教养的迷思——父母的教养方式能否决定孩子的人格发展?》《儿童:从出生到青春期的发展》。

四、互相成就的快乐

研究表明,在孩子人格养成的过程中,家庭养育风格对孩子人格的影响很大,过分宠爱、过于顺从、完美主义、忽视、拒绝、专制、惩罚、对健康过于关注的家长都会使孩子人格出现偏差,心理学家阿德勒认为,对孩子的人格教育要注意发展积极的自我观、发展积极的困难观、发展积极的他人观、发展积极的异性观,这些是孩子人格培养过程中最重要的几个内容,而这些都需要孩子懂得与身边的人共同成长、互相成就。

美国哈佛大学心理学家威廉特经过 70 多年的跟踪研究,发现那些在各个生命阶段中经常表现出利他、乐观、幽默、延迟满足等特质的人,当他们年老时,生活更幸福,身体更健康,寿命也更长。积极心理学家将这些人格特质称为"人格优势"。因此,我们需要培养孩子的这些人格优势,让他们拥有更为健全的人格,这对他们的一生都是宝贵的财富。

在云南丽江,有一所名叫华坪女中的特殊女子高中,这里每一年都会走出一批大学生,进入全国重点高校就读。2022 年 6 月 7 日,全国高考开考。和往年一样,本届云南丽江华坪女子高中的高三考生,在张桂梅校长的陪伴下奔赴考场。这已是张桂梅连续第 12 年送考。

张桂梅的生活原本与这些女孩毫无交集。18 岁时,张桂梅从黑龙江来到云南支边,后随丈夫在大理任教。不幸的是,1996年丈夫去世,张桂梅黯然神伤,申请调到偏远的华坪县。可惜祸不单行,来华坪不到一年,张桂梅自己也身患重症。

孤独无助时,是党组织的关心使她得到及时救治,社会各界的关爱让她重新树立起对生活的信心。就是在华坪,张桂梅做出了人生的重要选择——加入中国共产党。

工作中,张桂梅发现这里中学的女生数量很少。此外,在张桂梅兼任院长的华坪儿童之家福利院,有相当一部分是被遗弃的健康女婴。这些经历让张桂梅萌生了一个想法,筹建一所免费女子高中。

然而,办免费高中谈何容易,从2002年到2007年,张桂梅一共只筹措到1万多元,远远不够开办一所学校所需要的资金。

2007年,一篇名为《我有一个梦想》的文章成为热点,张桂梅的女子高中梦吸引了更多的筑梦人。

2008年9月,华坪女子高中举办了首届入学典礼,因为贫穷而不得不辍学的山里女孩,终于有了属于自己的那张课桌。

办学初期条件十分艰苦,第一年17个老师就走了9个,教学工作近乎瘫痪,县里甚至计划将学生分流到其他高中就读。心灰意冷的张桂梅当时已经准备交接,但老师们的资料让她眼前一亮。

华坪女子高中逐步走出了低谷。2011 年 8 月,成绩公布,华坪女子高中首次高考本科上线 69 名,综合上线率达到百分之百。此后的 12 年,2 000 多名山里的女孩从这里走进了大学校园。

稻盛和夫在《心》中表达了他的人生观:人生的目的就是一边用"利他之心"为社会做出更多贡献,一边提高自己的心性。

张桂梅在努力地践行着"奉献自己、点亮她人"的利他之心,同时,一个个在她培养下长大的女孩,在实现了自己的梦想——走出大山、走向社会的时候,又将把老师传承下来的这一份大爱传播到世界各地。

人格培养是一项系统工程,学校、家庭、个人在孩子成长过程中,都起着不同的重要作用,也都各自有着阶段性的教育目标,需要形成统一的、一致的、相融合的人格培养目标,互相借力,相互影响,才能克服万难,帮助学生形成终身幸福的人格特质。

人物介绍

张桂梅,原名张玫瑰,女,满族,中共党员,1957 年 6 月生于黑龙江省牡丹江市,原籍辽宁省岫岩满族自治县,1975 年 12 月参加工作,1998 年 4 月加入中国共产党,丽江华坪女子高级中学书记、校长，华坪县儿童福利院院长（义务兼任），丽江华坪桂梅助学会会长、中共二十大代表。2020年6月29日，被云南省委宣传部授予"云岭楷模"称号；2020年7月，全国妇联授予张桂梅"全国三八红旗手标兵"称号；2020年12月3日，被中共中央授予"全国优秀共产党员"称号；2020年12月10日，被中宣部授予"时代楷模"称号。2021年2月17日，被评为"感动中国2020年度人物"；2021年2月25日，荣获"全国脱贫攻坚楷模"荣誉称号；2021年6月29日，张桂梅被党中央授予"七一勋章"并在"七一勋章"颁授仪式上发言。2021年11月，获"全国道德模范"荣誉称号。

第三节　独处之乐

英国的一位作家在网络上发表了一段这样的内容："长期参加各种训练班、课外活动的孩子，如果你把他们带出去度假几天，你也许会发现他们不知所措，不知道自己能干什么。因为他们没有学会独处，无法放松自己。"

叔本华在《独处的艺术》中写道："独处是一种更为深刻的

自我成长。孩子独处,是一种能力,一个人只有学会独处,才能在纷繁复杂的世界里,保持内心的丰盈和秩序,不断自我成长,成为更自律、更智慧的人。"

一、自得其乐是幸福的密码

"君子敬以直内,义以方外。"

专注力是孩子学习知识和技能、取得良好成绩的重要因素之一,一个具有较强专注力的孩子,不仅能在各种情况下学习新知,更能够在遇到困难的时候发挥自己的潜能。因此,很多教育学专家都认为,专注力是影响孩子能否取得独特成就的"稀缺特性"。

专注力并非与生俱来,习得后也并非一劳永逸,很多家长忽视了,自己的行为习惯、教育方法以及音视频技术的革新,正在妨碍孩子的专注力发展。有研究表明,短视频、碎片化信息通过脑部刺激正在影响我们的神经系统,导致现在许多孩子被诊断患有注意力缺陷多动障碍,学习时注意力不集中,经常走神或发呆,不能完成难度大的作业等。

张同学,9岁,上小学三年级,注意力分散,被医生诊断为多动症。张同学的爸爸妈妈都很苦恼,觉得孩子活泼、喜欢运动本来是一件好事,平时家里也没有给他很多学习压力,怎么上了学开始越来越不对劲。为此,爸爸妈妈都想过要不要换一所学校。

基于张同学的情况,学校心理健康咨询老师建议其家长不要着急,先让咨询师接触一段时间。

在近距离观察期(观察 15 天),老师发现张同学学习能力不强,兴趣不高,和同学相处较好,环境适应能力较好,兴趣爱好广泛,但情绪控制能力较差,甚至会出现大喊大叫、突然攻击的行为。基于以上观察,咨询老师开始用一对一的方式了解张同学。

"你好,小张同学。"

"您好,老师。"

咨询老师发现孩子在打招呼的过程中,一直不看着老师,肢体摇摆不定,看上去有点兴奋和躁动。

"你很喜欢运动?"

"是的!我喜欢各种运动,我喜欢足球、篮球、羽毛球、乒乓球,我还喜欢轮滑,那种风驰电掣的感觉真的太好了!"

"你真厉害!老师的运动能力就很差,尤其轮滑,我都不会,怕摔跤。"

"没关系的,我以前和妈妈在一起的时候,她就告诉我,男子汉摔跤不可怕,站起来就好了。"

"你妈妈可真勇敢,你也很勇敢。"

这时候张同学安静下来了,第一次认认真真看了老师一会儿。

老师让他坐在一个舒适的沙发上，接着问："除了运动，你还有其他爱好吗？"

感觉到老师的友好，张同学说："我还会打架子鼓，下象棋，我还喜欢打游戏。"

"什么类型的游戏？"

"速度类的，赛车。"

"速度一定很快。"老师这个时候发现，孩子喜欢的东西，都带有快速、节奏快的特点，而且很容易让人感到情绪激昂。

"那你喜欢学习吗？"老师突然问道。

"不喜欢。"张同学非常不情愿地说道。

"为什么呢？ 学习知识不也很有趣吗？"

"很没劲，其实很多知识，网上都可以看到。我爸爸妈妈就经常在家里电脑上查阅各种信息，什么都有，然后他们的工作就可以完成了。"

这让老师出乎意料，老师感觉需要向家长更多了解情况才能更好地掌握干预方法。

咨询老师预约了家访。近距离观察了张同学一家三口的生活状态。原来张同学的父母是做金融工作的，都很忙，张同学很小的时候，就是外婆帮着带。老师观察到，家里有一间很大的书房，放着好几台电脑和显示器，是张同学父母工作的区域,而生活区域也随处可见平板电脑、笔记本电脑等。"他还小的时候,我就一边带他一边干活,他可能是接触交易最早的孩子。"张同学的妈妈半自嘲半骄傲地说道。"听上去,你先生带孩子的时间不多?""没办法,孩子爸爸还需要对接外国业务,所以有的时候半夜3点还不能睡。白天有的时候需要补觉,有的时候要出差。的确和孩子相处的时间不多,你看这次他就是临时要出差,没办法接待您家访。"张同学的妈妈介绍并道歉道。"那你们这么忙,平时压力应该也很大吧?""是啊,我还好一些,如果空下来,就带孩子出去玩,他大部分运动课都是我陪着去,我自己也很喜欢健身跑步,我感觉出出汗状态就能好很多。"

这次家访,让咨询老师有了新的思路。

回到学校后,经过和班主任、心理教研组的沟通,咨询老师分析得出,张同学的多动症诱发因素主要来自家庭而非学校。和不能适应学校生活的多动症早期儿童情况不同,张同学的认知偏差,和家庭氛围有直接关系。首先,张同学的父母长期处于高压工作状态,且生活和工作几乎无法分割,这使得张同学从小就感受到紧张与快节奏是一种常态,这大大超出了儿童心理可以承受的正常状态,所以造成张同学在学校上课学习的时候都没有耐心。其次,父母高效的工作方式、对于电子设备的依赖等行为习惯,也潜移默化地影响了张同学,所以说出了"电脑上都有,不用学"的话。最后,张同学喜欢用运动来缓解"紧张感",这和她母亲带着他一起运动释放压力的方式也是一致的,张同学喜欢飞翔的感觉,喜欢赛车类的电子游戏等,也反映了他在无意识地"逃离"这种紧张的环境。

基于以上三点认识,心理咨询教师与张同学的父母进行了沟通,如实地把学校的意见告诉他们,并建议他们,从自身做起,在家庭氛围中营造安静、轻松的学习氛围,比如妈妈可以通过喝茶、插花的方式,增加家庭的生活情趣感,而爸爸也可以带着孩子学习一些书法、太极拳这样的中国传统文化,体悟内在能量的"沉淀"。最重要的是,两位高智商的年轻父母需要明白,教育的目的不仅是掌握知识,更重要的是唤起人格自驱、调节身心平衡、完善自我成长;更需要潜移默化地引导孩子,养成循序渐进的学习习惯,帮助孩子在这个过程中找到乐趣,找到成就感。

(笔者根据真实事件改编)

案例中的父母,因为把自己高强度工作的状态带到了生活中,没有意识到孩子在成长过程中缺乏足够的探索时间和感知体验,造成了孩子学习、认知的偏差,而这种认知偏差也影响其身心健康,造成外化的"躁动不安"。生活中,我们很多家长不知道,孩子成长过程中的脑部运作和身心平衡是相辅相成的,培养孩子"专注"与教会孩子"放松"是一组配套的组合拳,使得孩子既能"学得好"也能"玩得好"。

到底该怎么培养孩子的专注力呢?1995 年,伦敦大学学院心理学家尼利·拉维提认为,人类的大脑在任意时间内所能处理的外界信息都是有限的,一旦这些处理"槽"被填满,大脑就会启动注意力系统来决定应该先关注哪些事情,而关闭哪些信息的接收。这样一来,当我们对某个事物投入过多的注意力后,留给其他事物的注意力资源就会相对减少。所以,提升专注力,就是通过某些行为训练我们大脑的调控系统,同时也训练分配注意力的统筹能力。

当专注力训练得当,我们就会发现完全沉浸于一项吸引自己的活动中时的极致美好,当自我意识悄悄退去,周围的喧闹与自己毫无关系,时间仿佛停止,这种投入感,很容易让人忘却烦恼、提高效率进而获得成就。

二十世纪六七十年代,美国心理学家米哈里·切克森米哈赖则将这种极致的专注力表现命名为一种特殊的心理能量高峰状态——福流,当时,切克森米哈赖在研究中观察到画家、音乐家、棋手、攀岩者等在相关领域有着杰出成就的人,在全神贯注地投入工作的时候,可以忽略周围的一切,甚至忘记时间。这类人才的专注力之强大,热情之饱满,几乎达到忘我境界。在这种强大的心理能量影响下,可以发挥出超出个人水平的表现，不断地创造出新的巅峰，达到至高的愉悦感。这项研究表明，这类"福流"状态不仅限于专业人士，也可以出现在热爱学习的青少年、积极拓展事业的白领、专心做饭的主妇身上，只要这些活动能够最大限度调动身心的专注力。

因此，青少年在面对较大的学习压力时，也要注重培养个人健康的爱好与特长，如书法、绘画、音乐、舞蹈、雕刻等；这些爱好，都可以培养良好的专注力，并养成高雅的生活习惯。家长也可以引导孩子将玩游戏、玩手机的时间，改成定期参与家庭收纳、园艺插花、香道茶道等高雅兴趣活动，将孩子的专注力培养与休闲娱乐相结合，提升其生活品位。我们会发现，多多体验不同文化艺术，将美好的事物融于孩子学习生活之中，教会他们在追求美的过程中自得其乐，我们的心会异常的宽慰平静，自己和孩子都能达到由内而外的共生共美关系。

二、想象帮你打开思维的边界

最近大火的 ChatGPT 在颠覆了大家的认知想象的同时，更引发了探索思维边界的焦虑。有人问 ChatGPT 想象力是什么的时候，它说："高维度在我们日常经验中无法直接感知和理解。人类的想象力可以通过符号、图像或其他方式来探索这些高维空间或世界，从而在理论和实践层面上推进科学和技术的发展。例如，在物理学中，一些理论如弦理论和 M 理论需要通过超过三维的高维空间来解释宇宙的性质和现象。

这些理论中的数学和物理概念可能是我们的日常感官和经验无法直接理解的,但是通过想象力和抽象思维,我们可以在心智上构建这些高维度的世界,以更好地理解这些理论。"

想象力在中文语境下,是指思维运作创造新概念、形象和想法的能力。而放入西方哲学语境,"想象力"的内涵就远大于此,对想象力的理解可以追溯到古希腊"逻各斯"(Logos)的概念,在柏拉图的哲学体系中,逻各斯是智力和智慧的来源,而在罗素笔下逻各斯是西方文明的源头,是宇宙的基础结构,也是人类思维的基础。在想象力的驱动下,大量的哲学家、文学家、生物学家、科学家……都是在感知已有世界以外积极地探索未知世界(如高维度世界),成就了人类文明的璀璨星空。

实际上,早在 1990 年,我国导弹之父、航天之父钱学森,就提出过"灵境"(Virtual Reality)的虚拟现实技术设想。20 世纪 80 年代至 90 年代之间,钱学森曾于多个场合提出人工智能的重要性,并公开倡导国家智能计算机计划的实施和推进。

钱学森的人工智能思想用八个字来表达,就是"人机结合,以人为主"。在他的设想中,"人机结合"的发展是由浅层次走向深层次的。从人在电脑的辅助下学习、工作的"浅层次、合作性"结合,最终发展到"深层次、进化性"结合。而"灵境"技术的发展将使人与计算机的"深度结合"在将来成为可能。钱学森重视"灵境"技术的一个主要原因在于,"灵境"可以用来扩展人脑的感知,使人机结合达到全新的高度。与此同时,钱学森也想到了人机深层次结合后给人类自身带来的改变,尝试探讨人脑思维会有怎样的新发展。在钱学森1996年致汪成为的信件中,他设想人机结合最终的形态,便是"人机融合"——人在机器的帮助下变成"超人"。钱学森为人工智能选择了人机结合、以人为主的发展方向——如果存在进化,那进化的一定是人类。在钱学森的设想中,人类始终以智慧驱动计算机,以想象拓展认知边界。

现代社会,我们拥有足够的能力将知识网络化、系统化、碎片化、可视化,甚至不需要一探究竟,就可以获得整合好的"最佳答案",包括教师、家长在内的成年人都逐渐依赖数字信息,在教育中更是不知不觉地利用信息技术、数字传播、影音发布让知识更加便捷、快速、高效地进入学生的认知体系。如何在享受信息便利的同时,保护孩子的想象力,拓展孩子的探索力,引发更高层次的思考呢?

相传"爱因斯坦谜题"在20世纪初98%的人都解不开,它是很棒的逻辑推理题,解答的过程会让我们体验到想象力的妙用。

题目:世界上最名贵的鱼被偷走了,现在侦查到五幢可疑的房子。警员提供了以下大致线索。

(1)在一条街上,有五幢房子,喷了五种颜色。

(2)每幢房子里住着不同国籍的人。

(3)每个人喝不同的饮料,抽不同品牌的香烟,养不同的宠物。

• 更具体的线索如下。

（1）英国人住红色房子。

（2）瑞典人养狗。

（3）丹麦人喝茶。

（4）绿色房子在白色房子左面隔壁。

（5）绿色房子主人喝咖啡。

（6）抽 Pall Mall 香烟的人养鸟。

（7）黄色房子主人抽 Dunhill 香烟。

（8）住在中间房子的人喝牛奶。

（9）挪威人住第一间房。

（10）抽 Blends 香烟的人住在养猫的人隔壁。

（11）养马的人住抽 Dunhill 香烟的人隔壁。

（12）抽 Blue Master 香烟的人喝啤酒。

（13）德国人抽 Prince 香烟。

（14）挪威人住蓝色房子隔壁。

（15）抽 Blends 香烟的人有一个喝水的邻居。

• 汇总一下类目。

国籍：丹麦、英国、瑞典、挪威、德国。

饮料：水、茶、牛奶、啤酒、咖啡。

香烟品牌：Blends、Pall Mall、Prince、Blue Master、Dunhill。

房屋颜色：黄、红、白、蓝、绿。

宠物：猫、鸟、鱼、狗、马。

● 解题思路（从确定线索入手）：

(9)-(8)-(14)-(4)；(5)-(1)-(7)-(11)-(12)；(3)-(15)-(12)-(3)-(13)-(2)-(6)；(10)。

注：题目很巧妙，只有当所有的线索用完时，最终的答案才会显现。空间想象力在解题中很重要，而找到矛盾、解决矛盾又是推进解题的动力。

以上互动场景，有助于家长打破"可见的""清晰的"知识结构，帮助孩子通过想象力，构建逻辑思维。在互动过程中，家长也可以一起探索并训练。

爱因斯坦曾说，人们应该小心，不要向青年人灌输下面的思想，即生活的目标就是获得习惯意义上的成功。因为在大多数情况下，成功者从他的伙伴那里获得的东西，都远远超过他对他们所做的贡献。但是，人的价值应该体现在他能给予什么，而非他能获得什么。想象力比知识更重要，因为知识是有限的，而想象力是无限的。

三、体验创造之美

著名教育家、政治家蔡元培在建立中国近代高等教育体系之初，就提出了"世界观教育"和"美育"。蔡元培的世界观教育和美育相结合，是将实体世界与想象世界相融合的教育体系，他把世界观教育比喻为心理系统，把美育比喻为神经系统，是人格发展必备的两套系统，相辅相成，缺一不可。

美育，近年来成为社会上的高频词，很多家长给孩子报了各种兴趣班，绘画、音乐、舞蹈，很多出版社也出版了各类青少年美育出版物，如何欣赏名画、音视频讲解世界名曲等。看上去，"天地一片大美"，文化异常繁荣，却也有不同的声音。

2020年，著名画家、艺术教育家、美学家陈丹青在一次公开讲座中被这样问道"您是否觉得当下的年轻人有这样的问题，即自我意识过剩，每个人迫不及待地表达个性和真性情？"他回答："自我、过剩、表达是三个不同的问题，现在年轻人的表达当中，很少让我看到个性，大部分是共性——语言、词语趋同，观念、表达方式趋同。至于个性问题，当代青年并没有比我那个时代的人更有个性，因为你们都有手机，活在互联网的信息里，看到的、听到的，都经过大数据筛选，媒体在教大家怎么看问题、怎么说话，同一性越来越强，地域差异、教育差异、语言差异、家庭差异被有效消灭，我并没有看到自我的过剩，确切说而是表达的过剩。看不完的信息，表达不完的情绪，并没有多少自我。"

关于陈丹青老师的尖锐批评，笔者又想到了另一个谈"美学"的大师蒋勋，他说美是回来做自己，知道自己应该用什么样的方式去活着，"美"是一种大智慧。他认为，美不是物化的成果，审美更不应该被标准化，他崇尚的美是一种生命的态度,是自我意识的觉醒与世态圆融的关照,是存在于我们每个人的内心中最强大的动力。"美是很奢侈的,它能帮助你守住繁忙生活中那一点点自得。"

因此,我们的家长在实施"美育"的时候,切忌使用标准的、理性的、海量的思维,多使用兼容的、感性的、高质量的体验式培养,才能让孩子真正体验到"美"的真谛。

著名美学家、教育家、翻译家朱光潜先生,不仅重视对中国传统美学与西方美学的研究,更在意青少年的美学启蒙与教育。他曾在《谈美感教育》一文中提到,爱美是人类天性,凡是天性中所固有的必须趁适当时机去培养,否则像花草不及时下种、不及时培植一样,就会凋残萎谢。达尔文在自传里懊悔他一生只在科学上下功夫,没有把他年轻时对诗和音乐的兴趣保持住,到老来他想用诗和音乐来调剂生活的枯燥,却抓不回年轻时那种兴趣,觉得从前喜爱的诗和音乐都索然无味。他自己说这是一部分天性的麻木。这是一个很好的前车之鉴。美育必须从年轻时就下手,年纪越大,外务越纷繁,习惯的牢笼越坚固,感觉越迟钝,心思越复杂,艺术欣赏力也就越弱。

朱光潜先生不仅呼吁家长、学校重视孩子的美育启蒙,提出:"无论学哪一科专门学问,干哪一行职业,每个人都应该会听音乐,不断地读文学作品,偶尔有欣赏图画、雕刻的机会。"他还在 1926 年到 1928 年旅欧期间,以朋友的名义给国内青年写了十二封有关艺术、读书、人生的信,在信中,他放下长者的尊荣,卸掉教育家的光环,像一位老朋友一般,告诉青少年自己一生最大的遗憾就是没有学习美术和音乐,以至于在年少时期总是被才华横溢的好友们笑话,只能在文学一项奋发图强。以自己少年糗事来激励当代青年珍惜时光,更多地去体验艺术之美,朱光潜先生实在用心良苦。

分享自己对音乐的感受,共同参与艺术的创造——这种基于共情的对美的探寻,可以跨越年龄的代沟,甚至跨越中西审美的隔阂,通过情感互动来营造当代家庭教育"美"的场域,这不仅为青少年接触美、发现美打下基础,更有利于其在人格成长中获取更多养分。

著名社会学家、人类学家费孝通先生曾在《"美美与共"和人类文明》中提出"各美其美,美人之美,美美与共,天下大同"的理念。我们在一个多元文化融合交织的时代中,不仅欣赏本民族、本时代的文化之美,还要发自内心地欣赏其他民族、其他时代的文化之美,以平和、谦逊、融合、理智的心态去吸收借鉴,这将大大拓展我们的眼光、开阔我们的心胸、锻炼我们的思维,从而促进我们传播更多美、创造更多美。

四、与自己好好相处

每一个孩子天性都不同,即使是同一类型的孩子,在同一场景下的即兴表现也会有所差异。心理学家荣格认为,一个人对待环境的态度是天生的,这种天生素质是其内心与外界交流的基本模式,很难改变。一个孩子是内向还是外向,与他们的家庭、阶级、性别、受教育程度毫无关系,且内向或者外向的特征在孩子很小的年龄阶段就能够被观察到。如果家庭教育中,因为一些刻板的要求,家长极力地去逆转孩子这种天生的不同态度,会极大地消耗孩子的身心力量,孩子会表现出极度疲惫甚至危及健康。

学者总结临床心理学案例后发现,很多神经症患者发病,主要因素是在环境的强力压迫下扭曲自己固有的一般态度而造成病态。例如,由外向型父母养育的内向型孩子或者是内向型父母养育的外向型孩子,由于幼儿天生的屈从状态,不得不极力迎合父母的性格特征,其内心其实很痛苦,有些孩子的努力表面上获得了成功,但因为违背了自己的天性,随后就会发生一些身心失衡的问题。有的孩子其实内心很内向、脆弱、敏感,但不得不热情地融入环境之中,久而久之,情绪积压就会转化到身体上,甚至严重到产生功能障碍。

　　下面是心理学家提炼的日常生活亲子互动训练场景,家长可以带着训练的小目标(小标题),逐个选择符合孩子兴趣的方式(在各选项之间选择),在娱乐过程中,了解并最大限度发挥孩子的优势。

■ 兴趣好奇

A. 参加一些集会,或听一些演讲

B. 品尝一些你曾认为你永远也不会尝试的食品

■ 热爱学习

A. 坚持每日读书

B. 阅读不同种类的报纸

■ 思维判断

A. 向杂志报刊投一些小稿件

B. 每日更新你在网络通信工具上的个人信息

C. 从你的房间中选出一个物体,为它设计出原本用途以外的新用途

■ 创造才能

A. 参加一些换位思考的游戏

B. 参加一项跨文化的活动或者加入一个跨文化的团体

■ 社交智慧

A. 与人交谈时试着领悟对方的动机和感受

B. 走进一个通常让你感觉有些不安的社交场合,并

试着适应它

■ 洞察悟性

A. 向一位心烦意乱的朋友提供建议

B. 查询历史上的名人，了解他们对重要问题的观点，或者记录他们说过的名言

■ 勇敢无畏

A. 在课堂上踊跃发言

B. 指出组织规范中的不恰当之处

■ 坚持勤奋

A. 努力做到"今日事，今日毕"

B. 制定一个较高的目标（比如锻炼或学习）并坚持下去

C. 提前计划，在日历上记下需要完成的作业或需要准备的考试

■ 正直诚实

A. 监督自己的言行，每次说谎就在清单上记下来，试着让你每天的清单越来越短

B. 不要对朋友撒小谎（包括不是发自内心的赞美），如果说了谎言，立即当面承认并道歉

■ 善良慷慨

A. 日行一善，多小的善事都可以，并且不求回报

B. 每天给一位不同的朋友发一封电子贺卡，写上祝

福的话语

C. 和朋友在一起时,在向朋友谈及你自己的生活之前,先询问他们的近况,并用心倾听他们

- 爱与被爱

A. 经常拥抱或亲吻那些你爱的人们

B. 给你爱的人写一张温馨的便笺,放在他一天中可能发现的地方

- 公民责任

A. 参加社会上帮助弱势群体的义务工作

B. 看到公共场合地上的废弃物或垃圾时,主动拾起

C. 在你所属的组织或团队里,承担更多的责任或工作

- 公平平等

A. 允许别人向你诉苦,但倾听他们讲话时不做任何评判

B. 在朋友们争论时,无论自己的观点倾向于哪一方,都保持不偏不倚的态度

- 领导才能

A. 主动组织一些集体活动

B. 为你的朋友们或室友们组织一些特别的活动

- 自我控制

A. 控制自己不说别人的闲话

B. 每周坚持锻炼身体 4 次（如果你现在还没有这样做的话）

C. 遇到烦心事时，尝试只将思维专注于生活中美好的事物上

■ 谨慎审慎

A. 与别人交谈时，权衡自己要说的话将对别人造成的影响，"三思而行"

B. 在做重大决定之前，问问自己可以在多大程度上接受这个决定所带来的后果

■ 谦逊谦虚

A. 与别人交谈时，尽量不谈论自己的成绩

B. 穿戴适宜、行事低调，不要过分引人注目

C. 找到某人做的比你好的地方，并赞扬他

■ 美的领悟

A. 常去博物馆或美术馆

B. 看到美丽的艺术品或其他美好的事物时，写下你的感受

■ 感恩感激

A. 每晚记录下当天发生的让你觉得感激的事情

B. 对帮助自己的人说谢谢，哪怕事情再小也不要将其视为理所应当

■ 希望乐观

A. 遇到挫折时,想想可能存在的积极一面

B. 回想你所做过的错误决定,告诉自己既然无法重新来过,只有着眼现在和未来

- 信仰灵性

A. 每天阅读阐述真理的书籍或乐观积极的文章

B. 思考自己生活的目标,想想能够做些什么对世界有意义的事

- 宽容宽恕

A. 若某人曾经冒犯过你,尝试原谅对方

B. 当某人做了让你无法理解的事情时,尝试探究他们的动机并理解他们

- 幽默风趣

A. 收集笑话并讲给朋友们听

B. 学习小魔术并表演给朋友们看

- 生机活力

A. 经常锻炼身体

B. 主动承担更多的集体工作

　　当家长完成以上小测试后,会发现每个人都有与众不同的性格优势,也形成了我们独有的人格特征。我们需要教会孩子在日常生活中运用自己的优势,与自己的性格特征好好相处,不要因为个别场景中的"与众不同"而不安,更不用拿自

己的"缺点"去和别人的"优势"对比。须知,"优势"与"缺点"是并存的,既没有绝对的优势,也没有绝对的缺点,它们随着场景变化而变化,如果引导得当,有些"缺点"甚至可以转化为特点,最终成为孩子的优势。

艾伦伯格在他的名著"发现无意识"丛书中,曾阐述了这样的观点:通过深层心理学领域的研究发现,重要理论与其创始人的品格、性情是不可分割的。整本书系统阐述了这一理念,并且提供了大量的成功案例,比如弗洛伊德的心理分析核心理论,源自其对自己患有"创造性隐疾"的客观认识,荣格正是在努力克服近乎病态的自身精神敏感的情况下创造了其核心理论"人格即为自性过程"。杨振宁也表达了类似观点,他表述物理学的原理是一种极美极复杂的结构,而各位物理学工作者,都受限于个人的理解与局限,对于这个结构不同的美和妙的地方有着不同的或深或浅的认知,所以每位工作者就会发展他自己的优势,形成独特的研究方向和研究方法。也就是说,会形成他自己的学术风格。他回忆"我在西南联大的七年,对我一生最重要的影响,是我对整个物理学的判断,已有我的'taste'。"《杨振宁论文选集(1945—1980)》一书中有更理论化的表述:"在每一个有创造性活动的领域里,一个人的taste,加上他的能力、脾气和机遇,决定了他的风格,而这种风格反过来又决定他的贡献。"当然在艺术界、文学界,更不乏生动的案例,向我们证明客观认识自己的个性缺陷,充分发挥自身优势,可以成就辉煌人生。所以我们的家长一定要对孩子有信心,要相信你的孩子拥有自己的先天优势,而任何缺陷都不足为惧,经过调节与融合,它们可以转变为孩子成长的特殊力量。

第三章

心之强大

培养乐观积极的处世人格

那些生活在沮丧、消极、失败、忧郁中的人随处可见，他们真正需要的是精神的洗礼与滋养，而不是物质的迁就与安慰。

引领人们爬向高峰的动力，是一种定期接受滋润与强化的心灵，心灵和身体一样，必须定期获取营养，才能拥有日趋旺盛的驱动力。

所以问题是，我们要怎样"喂养"我们的心灵？

——洛克菲勒写给儿子的 38 封信
第 36 封《充实你的心灵》

第一节 提升情绪能量

有研究表明，与心理因素有关的身体疾病达到 200 多种，包括睡眠障碍、饮食障碍、胃肠道功能紊乱、心血管问题、呼吸急促、免疫力低下、内分泌失调等。

著名心理学家大卫·霍金斯分析了各类情绪的能量等级，从最负面、伤身的情感，到最正面、滋润的情感，所有情绪里面，排最低的不是愤怒、悲伤、恐惧，而是羞耻、愧疚、冷漠；排最高的不是骄傲、勇气、主动，而是平和、喜悦、爱。因此，情绪稳定并不意味着冷漠与忍受,其真实的含义是一种动态平衡和独立自主能力。他发现,情绪能量是可以转变的,且这种情绪能量转变的能力,可以通过训练获得。

一、如何定义无忧无虑?

"我希望我的孩子能开开心心、无忧无虑。"这恐怕是大部分家长的美好心愿。在我们的教育过程中,虽然会遇到各种困难,但最终的目标都是孩子能够幸福。

但时代的飞速发展,总是考验着每个人的适应能力,似乎我们教给孩子的知识、技能永远跟不上社会的革新。当今社会的经济结构、组织结构直接影响着每个人的知识结构、认知结构。掌握高效的学习方法、具备强大的辨别能力成为每个人生存的基本功,但是互联网技术、人工智能的迅速兴起,以迅雷不及掩耳之势改变着我们的生活和工作方式,那么我们孩子辛苦培养的技能将来还有没有用? 孩子未来将要面对怎样的新挑战和身心焦虑?

在孩子一路成长要面对的求学、就业、婚恋、育儿、养老等一系列未知的压力下,家长们的焦虑往往比孩子还要严重。

最近,初中生小雪整天闷闷不乐,到家也很早就把自己锁在房间里,饭也吃得不香,成绩也出现了下滑。父母看在眼里,急在心上。试图和小雪聊一聊,也总是被拒绝,这让敏感的妈妈很担心,怕孩子出现早恋问题。于是,小雪的妈妈找到了小雪平时相处得比较好的朋友,想从侧面了解一下。小雪的朋友说,可能是两个月前,学校BBS上发了一组小雪在图书馆看书的照片,因为照片拍得很美,一下子就"火"了,下面评论上千条,转发当天就上万,为此,还有几个高年级的男生特意跑来小雪教室门口张望。本来也没什么,爱美之心人皆有之,但慢慢地同学群就开始传小雪的各种照片,都是在学校校园里蹲点偷拍的,还有人对小雪评头论足,很多言论还带有攻击性,小雪越来越紧张,连在校园里走路都感到有人在偷拍她。

妈妈听了以后,在同学的帮助下,马上查看了网页上的照片和留言,还通过其他网络群发现自己女儿的肖像已经被转发。这让她感到震惊,没想到自己女儿遭到了侵权和网暴。

小雪的妈妈请了一位专业律师,在收集好证据以后,很快找到了学校要求有关人员删帖、道歉、赔偿,也请学校进行网络整改,避免类似事件再次发生。

"真不敢相信,这种事会发生在我女儿身上,而且她这么平凡、安静、乖巧。"事后,小雪的妈妈感到后怕,虽然自己的处理算是为孩子解除了短暂的危机,她仍感觉很担忧,小雪的情绪也需要在专业心理咨询师的引导下慢慢恢复,妈妈也希望帮她转学换个环境。

据统计,近年来因网络引起的青少年焦虑抑郁案例已经成为主导。互联网时代,各种社交平台缩短了人与人之间的距离,同时在海量信息的浪潮下,一面出现了精神孤岛,一面形成了舆论旋涡。这改变了所有人的心理环境,身处其中,内心始终处于一种紧张防御状态。在互联网呈现的世界里,很多人躲在屏幕后面,窥探着别人的秘密,美化着自己的形象,一张照片、一段视频、一条评论,都可以成为搅动舆论旋涡的动因,牵动着成千上万人一天的心情。如何培养孩子在这亦真亦假的幻境中找到真实的自我评价,不被他人的言论所迷惑,不因他人对自己的片面评价而自卑,是所有家长都要研究的课题。

无视会带来无知,无知将带来恐惧,对于恐惧的强行遏制,则最终引发自我膨胀。人类的认知总有盲区,尤其是对自己内心的变化毫无防备,消退恐惧的唯一方式,就是勇敢地迎接挑战。这就是我们在各种励志电影里看到的故事,主角突破困境的关键时刻会有一位贤者告诉他"不要在乎别人怎么说""你真正的敌人来自你的内心"。

世界在改变,任何时候,都不存在真正的无忧无虑,我们无法传授永不过时的技艺,我们教育的真正目标是培养出无惧无畏的内心。当代社会学研究者金正勋(John Kim)指出,我们的内在,是由情绪、思想、语言和行动四大要素组成。只有拥有这四大心灵武器,才能具备开展各类事业的勇敢信心。

我们的内心世界有明有暗,王阳明曾说:"破山中贼易,破心中贼难。"所以中国儒家思想中,重要的修身方法是"克己",克的就是"心中之贼"。"贼"是什么？是隐蔽、不正、狡诈、败坏。克制"心中贼",就是将隐蔽的揪出来,将不正的扶起来,与狡诈的周旋,使败坏的从良,统合于动静,防患于未然,向内兼修为人的根本,培养能让心灵更为滋润、坚强、宽广的内在觉醒之力,面对变幻莫测的外部世界能保持不动如山的内心定力,或许是决定人生是否可以走得更远、更扎实的关键。

二、有求必应真的好吗？

近年来,"延迟满足"成为教育热议词。李玫瑾教授曾在家庭教育课堂中提倡"在孩子性格培养过程中需要延迟满足,让孩子知道任何东西都需要通过努力才能获得"。长期价值投资者查理·芒格也认为"延迟满足、勤俭节约的人会过得更好,而且延迟满足是一种心理因素。"很多家长纷纷学习,尤其是面对当下物质丰富、互联网娱乐多元化的环境,家长常常这样对孩子说"认真写完作业,就可以玩一小时游戏。""你现在多吃点苦,以后出人头地就会比别人快乐。""你现在少玩一点,牺牲一点,以后长大了想怎么玩就怎么玩,我不管你。"……在心理学家眼中,这样的所谓"延迟满足"更像是一种空头支票,并不是真正的"延迟满足"。

最近邻居家的孩子，常常哭闹，还伴随着"你老是骗我"的控诉，不禁引起了笔者的关心。和孩子的妈妈偶然散步闲聊就问起，最近是不是孩子功课压力大，经常听到孩子发脾气。这位妈妈也感到苦恼，她说现在孩子上六年级了，学校的功课越来越多，可是孩子还老想着玩，自己也很纠结。她当然希望孩子能开开心心，可是看着家长群、班级群里一条一条的作业通知、点评，妈妈就不自觉地焦虑。"最近我在网上看到，孩子提要求，家长不能马上满足，尤其是玩游戏、买东西，要延迟满足。于是我和先生就试了一下，一开始还挺有效果的，和他说好，做完作业，家长批改以后没错误，就可以玩半小时游戏。可是时间一长，就不对了，小孩子精得很，知道这个套路以后，作业就马马虎虎赶紧做掉，还越做越差，你还不能不给他玩，不给他玩就是要赖，不守信用，就哭闹。我和我老公也一肚子火。"听了她的诉说，笔者不免感到无奈，其实"延迟满足"并不是这样应用的。

说到"延迟满足"，就不得不提一下儿童心理学中著名的"棉花糖实验"。在 20 世纪 60 年代，斯坦福大学的沃尔特·米歇尔博士给一群孩子每人发一个棉花糖，并且告诉他们，这个棉花糖可以马上吃，但如果坚持等到研究者回来（通常 15 分钟），就可以得到两个棉花糖。在随后十几年的跟踪研究中,他发现,那些能等待研究者回来的孩子,长大后的表现均优于马上吃掉棉花糖的孩子,包括人际关系、SAT成绩、同学评价等方面。据此,沃尔特·米歇尔博士认为,那些等待研究者回来的孩子拥有一种很强的能力,叫作"延迟满足"。这种能力使孩子能更好地校正自己的道路,克制欲望、抵制诱惑,从而获得更好的回报。在这个实验中,延迟满足具备两个特点,其一是奖励一定会兑现,其二是延迟了以后,奖励更丰富。所以这是一种理性的选择,其重点不是延迟,而是对更长远价值的预判。

而实际生活中,很多家长像案例中的父母一样,是为了让孩子做对的事,拖延他的娱乐行为,这本身并不是一种具有更大奖励的价值设定,不能真正激发孩子热爱学习、认真做作业,由此导致孩子很快掌握了"规律",对作业草草了事,反而把"做作业"和"打游戏"这两件事变成了一种变质的条件置换。

最早对"延迟满足"提出重大质疑的是2012年罗切斯特大学的一项实验。实验发现:如果孩子所处的环境更安稳、更熟悉,且他们能确信研究人员会带给他们第二颗糖,那选择"延迟满足"的孩子人数会大大增加。也就是说,孩子愿意"延迟"更大的因素不是"更优秀",而是"更信任"。

现实中,很多家长会以"为了孩子将来更优秀"为借口,拖延、推迟对孩子的承诺,其实,这是对延迟满足核心价值的误解,家长对未来的嘉奖并没有真正的控制能力,孩子也不能确信读好书、写好作业就能成为所谓"更优秀"的自己。他们体验到的,是一次次满怀期望又失望,一次次信任父母又瓦解,很显然,这样的"拖延"战术可能会给孩子造成更多的压力,对其成长产生负面影响,弄巧成拙。

父母创造的心理环境影响着孩子的成长,正向心理因素就像种子发芽过程中所需的"营养"(阳光、沃土),负面的心理因素则是"霜冻"(阴影、缺肥),这和给庄稼施肥、灌溉的道理一样。农民要适时、适度地施肥、灌溉,既不能使用饥饿疗法,也不能过度灌溉。

培养孩子的"自控力",涉及信任建立、情绪控制、价值判断等多方面,且应当从孩子婴幼儿时期就开始潜移默化地引导:孩子和父母的任何交流,都建立在对父母的信任之上,如果父母把这种交流变成了"交易",很容易造成信任的破坏,这样长大的孩子,很可能会失去安全感,从而更容易陷入"冲动性""代偿性"行为的怪圈中;父母尤其应注意训练孩子的情绪调节能力,通过创设更多真实生活情景,培养、提升孩子的自我情绪控制力;帮助孩子在学习过程中建立起正确的价值观。做到以上三点,从长远看,比简单地采用"延时满足"更有利于孩子的身心健康发展。

人物介绍

米歇尔(Walter Mischel,1930 年生)出生于奥地利维也纳。他家离弗洛伊德家很近,从小就受到弗洛伊德的影响,认为弗洛伊德的精神分析理论是对人最完备的看法。作为情感系统理论的提出者,米歇尔认为,人是解释者和行为者,不断与环境交互作用,努力使生活保持和谐和协调。

米歇尔等人认为,人的行为是个人与情境交互作用的产物,但情境并不直接影响行为。情境首先影响个人因素,再通过个人因素影响行为,个人因素在特定情境下的交互作用,构成了体现个体特征和情感的独特模式。米歇尔等人称之为"认知-情感系统"(cognitive-affective system theory of personality, CASTP)。按此理论,每个人都是一个独特的认知-情感系统,与社会环境发生交互作用,产生个人特有的行为模式。

三、什么都不做的挫败

很多家长在培养孩子的时候,往往忽视了孩子阶段性理想的实现以及动态人生目标的管理,认为孩子还小,读好书就够了,其他的事情都不用管,殊不知这样"什么都不用管"的教育氛围,往往让孩子长久地处于挫败和自我价值迷失的状态。"我能做点什么?"不仅仅关乎此刻孩子对自己的评价,还影响着他是否能"志存高远"。

其实在孩子成长的漫长过程中,始终存在着"我"与"他人"、"我"与"环境"的问题,孩子需要在这两个问题中找到自己的定位,而梦想就是这个坐标。当我们还是孩子的时候,对探索和征服世界充满渴望,但我们没有足够的知识和影响力;当我们略有才华,就很想要以一技之长解决一些社会和国家的现实问题,但我们因没有足够的权力而退缩;当我们成为上有老、下有小的中坚力量,努力让老人有所依、孩子有所养,却往往因为房贷车贷困顿难安……这些都真实地发生在我们的人生中。当不同时期的梦想,总是因资源匮乏、能力不足等原因而难以实现时,我们每个人渴望的那个小小成功,似乎就越来越遥远,内心也会觉得越来越无力、沮丧、挫败。不管多大或者多小的梦想,其实都代表着一定时期我们对自身的认知,并渴望通过社会实践,检验自身价值。

闻名世界的伦敦威斯敏斯特大教堂地下室墓碑林中,有一块普普通通的墓碑,粗糙的花岗岩质地,同周围质地上乘、做工优良的亨利三世到乔治二世等二十多位英国前国王墓碑,以及牛顿、达尔文、狄更斯等名人的墓碑格格不入。墓碑上没有姓名,没有生卒年月,更没有任何生平介绍文字,只有下面这段碑文。

当我还年幼的时候,我对自己的未来充满想象,理想从没有受到过限制,我的梦想就是改变这个世界。

当我成长并成熟以后,渐渐发现我不能改变这个世界,我将目光缩短了些,决定只改变我的国家。

当我进入暮年,我发现凭一己之力改变国家也很不切实际,我的最后愿望仅仅是改变一下我的家庭——但是,这也很难。

现在,我已躺在病床上,随时迎接死神的降临,什么也不能做了,我突然意识到:

如果一开始我把所有的精力都放在先改变自己身上,然后身体力行地去影响我的家人,在家人的支持与帮助下,我可能更能为国家做一点事……然后,谁知道呢,我甚至可能改变这个世界。

碑文朴实无华的语句揭示了平凡人成长、成功的路径——在一个个小目标中建立自我认知,掌握自我发展的能力与方向,才能逐渐将这股力量扩散到周围并对外部环境造成影响。

每个孩子的内心天生具备强大的能量,它与外部环境形成能量传递的关系。当孩子内心将外部标准作为一种参考,激发自身潜能,并积极导向结果时,在我们内心形成的是正向驱动力。反之,如果孩子内心对外部标准产生抵触甚至质疑,发现自己不可能达到外部标准,就会感到迷茫,无法接近目的,这就是抑制。

东西方哲学家、社会学家在人类文明的发展过程中,都孜孜不倦地用各种方法规范教育标准,激励个体提升自我价值。

2 000 多年前，西汉儒学大师、唯心主义哲学家董仲舒提出：

天之为人性，命使行仁义而羞可耻，非若鸟兽然，苟为生苟为利而已。

——《竹林》，《春秋繁露》卷二，页十一

意思是老天造就人的天性，就是驱使每个人在社会上行使仁义之事，而不是如同动物一般，只求生存与利益。他还非常详细地解释了何为"仁义"。

《春秋》之所治，人与我也。所以治人与我者，仁与义也。以仁安人，以义正我。故仁之为言人也，义之为言我也，言名以别矣。

——《仁义法》，《春秋繁露》卷八，页十六至二十

意思是，《春秋》已经研究了"人"与"我"的关系，对待他人与对待自我的法则，核心区别就是"仁"和"义"。对他人要有爱心，实行"仁"术，宽以待人，对方就能感到安慰；而对自己要严格，实行"义"术，严以律己，则自我能够成长得更正直。这样一来，每一个个体都可以充分发挥作用，社会就会良性发展。

功以才成，业以才广，人才培养首先是立志。罗庸当年为

西南联大的学生授课,论及志向时曾说:一个真正有远大理想的人,首先能够看到自己的不足,以及真理的无止境,从而不断学习以求进步,即孔子赞曰"吾见其进也,未见其止也"。能做到"学然后知不足"的人,才能做到不骄不吝、自强不息,"终至于成"。

我们家庭教育的目的,不是一味强调自我强大,而是让孩子了解自己和外部环境处于什么状态,往什么方向走,帮助孩子建立远大理想与实现路径,关注孩子自我发展的动态平衡,培养其内心世界的统筹能力,并能够通过实践转化为运用于外部世界的正向行事风格,让孩子学有所思、学有所获、学以致用,终成大器。

四、适度焦虑的益处

《巴菲特给儿女的忠告》一书中提到:"有生之年,一边拥有,一边清零。每天做好一个情绪稳定的成年人。不要因为别人一句话,夺走了你今天的快乐。"

诚如巴菲特对儿女的忠告,情绪稳定被视为当代临床心理健康评测的一个重要指标,是成功人士的"标配",是个人修养的体现。

但我们几乎天天需要面对不良情绪,阻碍着我们身心健康发展:我们很容易因烦琐的公务感到疲惫不堪,很容易回到家因孩子的功课烦躁不安,很容易因为别人的批评不满恼火,很容易因为自身的困境焦虑委屈……就算没有任何特殊事件，我们也很容易因为天气的舒适度、身体的状态甚至食物的可口程度产生各种情绪反应。

临床心理医生面对日益增多的住院情况，感慨道："后疫情时代，一个人的成功与否主要取决于他是否拥有稳定的情绪与强大的内心，而不是知识储备和高超技能。"这给家庭教育增加了新的重点。说起来容易，做起来难，很多家长面对这个课题感到疲惫不堪，除了要关心孩子的学业进步、身体健康，还要照顾他的情绪平稳，有的时候自己都无法控制了，想到要保护孩子的脆弱心灵，只能忍耐，难道一味迁就真的好吗？

乐乐是一位学习钢琴的 14 岁女生，最近因为要参加比赛，选的曲目比较难，每次还课都不理想，在钢琴老师那里频频受到批评，眼看着其他参赛的同学表现得越来越好，乐乐越来越紧张，每次从老师家出来的路上就哭，甚至到家都不想练琴。爸爸妈妈看在眼里，急在心上。临近比赛，因为怕影响女儿的心情从而影响比赛发挥，爸爸妈妈每天都过得小心翼翼，看到孩子沮丧，妈妈就做各种美食鼓励她、哄她开心，又在女儿弹错的时候分外紧张，更要忍住不能说她……这样的气氛，让原本敏感自卑的乐乐越发烦躁，在比赛那天，表现也不佳，没有拿到名次，一家人因为这件事，情绪都很沮丧，甚至萌生了不想学下去的想法。"看到她这么痛苦,我们也很痛苦,本来学音乐就是为了让她开心,结果大家都有负担,而且学校的课程越来越紧张,算了就放弃吧。"妈妈和老师坦言道。

这样的案例,其实在生活中非常多见。尤其是孩子面临升学、特长竞赛的特殊时期,孩子面对压力,内心忐忑、焦虑、不自信,情绪波动大,很多家长在处理这类孩子不良情绪的时候,采用的方法往往是小心翼翼地"不触碰"或者自我安慰"没事的",而面对自己的负面情绪时也往往采取回避态度。结果往往是潜意识中负能量不断累积,相互影响,最后不知不觉地走进了死胡同。

情绪稳定,不等同于忍受,美国著名的精神科医师大卫·霍金斯,运用人体运动学的基本原理,经过 38 年长期临床试验,分析了各类情绪的能量等级。从最负面、伤身的情感,到最正面、滋润的情感,所有情绪中,排最低的不是愤怒、悲伤、恐惧;排最高的不是骄傲、勇气、真爱,那会是什么?

大卫·霍金斯选择的测试对象横跨美国、加拿大、墨西哥、南美洲、北欧等地,涉及不同种族、文化、行业、年龄,累积了几千人次和几百万笔数据资料,经过精密的统计分析之后,发现人类各种不同的意识层次都有其相对应的能量指数,人的身体会随着精神状况而有强弱的起伏,由此绘制出了"人类意识能量图谱"。

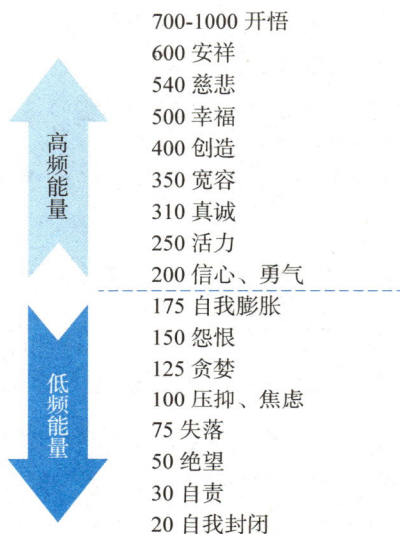

700-1000 开悟
600 安祥
540 慈悲
500 幸福
400 创造
350 宽容
310 真诚
250 活力
200 信心、勇气
175 自我膨胀
150 怨恨
125 贪婪
100 压抑、焦虑
75 失落
50 绝望
30 自责
20 自我封闭

高频能量

低频能量

图 3‑1　人类意识能量图谱

　　霍金斯博士把人的意识能量映射到 1—1 000 的范围，他发现，诚实、同情和理解能增强一个人的意志力，能让身心更健康。低能量的情绪，从低到高依次是自我封闭、自责、绝望、失落、焦虑、压抑、贪婪、怨憎、自我膨胀；而高能量的情绪，从低到高依次是勇气、信心、活力、真诚、宽容、创造、幸福、慈悲、关爱、尊敬、安详，开悟的能量最高，为 700—1 000。最重要的是，能量与能量之间是可以转化的，不论是对于个人还是对于家庭，高频能量与低频能量可以相互抵消，获得整体的情绪能量平衡，而低频能量可以通过高频能量的引导，逐级变化。

　　用这样的方法，我们回到之前的案例，乐乐的家长再次遇到孩子情绪问题时,可以思考一下如何用高频能量将其低频能量转化。比如,当她处于情绪能量值为 30 的自责、自我否定的时候,家长可以尝试用能量为 250—310 的情绪去应对,用淡定、从容的姿态,善用环境中一切因素,如欣赏相关电影、书籍、共同面对困难等,鼓励孩子敞开心扉、获得成长,以强大的信任感逐渐将孩子从不可自控的低频能量中带出来。

从能量平衡角度看待亲子关系,具有极大的启发意义,它指向了一个家庭的能量,不存在永远的正能量,也不存在永远的负能量,它是家庭成员情绪能量动态平衡的结果,家长和孩子的情绪能量你中有我、我中有你,相互影响、转化、中和。家长更应该在潜移默化中教会孩子哪些人、事、物能够提升能量层级,帮助他自我认知、自我调节,为其迎接更多挑战打好强大的内心基础。

人物介绍

大卫·R·霍金斯(David R. Hawkins, 1927—2012),美国著名精神病学家、医生、作家、灵性导师以及意识地图的开发者。他运用人体运动学的基本原理,经过三十多年长期的临床试验,发现人类各种不同的意识层次,都有其相对应的能量指数,人的身体会随着精神状况而有强弱的起伏,由此绘制出"人类意识能量图谱"。

第二节　培养未来生存力

稻盛和夫在他最后一本著作《心力》中写道："心从里到外,由真我、灵魂、本能、感性、理性五层组成。核心是真我,真我就是'真善美',包括坦诚心、谦虚心、反省心、感恩心、知足心、利他心、乐观心、勇猛心等。心灵塑造现实,心灵驱动现实。"这就是我们需要不断培养的面向未来的核心竞争力。

一、审美塑造健康人格

"音乐和体育服务于人的两部分——爱智部分和激情部分。"早在大约公元前 400 年,伟大的古希腊哲学家柏拉图就在《理想国》中做了如上表述(《国家篇》412)。他认为音乐通过节奏、和弦与旋律陶冶心灵之美,体育通过操练、力量与速度平衡身体之美。这些和谐之美,在人类智慧深处生根发芽,令人自动远离丑恶与败坏。而在追求美的过程中,人们享受自信与快乐,如甘泉沁润心脾,能使我们忘却艰辛与疲惫,最终促使我们成为善良且富有能量的人。

东西方在教育的发展方向上虽有区别,却在干预方法上有着"教化于无形"的共同点。我们可以拿孔子的儒学教育与柏拉图教育理念中对于"善"的启蒙进行简略对比。

孔子的教学核心，是将每个人教育成可"齐家、治国、平天下"的贤人，他报以"有教无类"的信念，以六艺授之——"诗"言志，"书"道事，"礼"束行，"乐"通和，"易"统阴阳，"春秋"论名分。孔子主张礼乐教化，首先对个人发展大有裨益，他认为人性的缺陷可以通过人文因素进行改善，"兴于诗，立于礼，成于乐"（《论语·泰伯》），通过提高审美，使其道德更为高尚，具备"仁"的品格、"礼"的外在。其次，美育对社会稳定大有好处，《礼记·乐记》有云："乐者为同，礼者为异。同则相亲，异则相敬。乐胜则流，礼胜则离。合情饰貌者，礼乐之事也。礼义立，则贵贱等矣。乐文同，则上下和矣。"孔子认为，礼是规约有秩序的生活，使人相敬相安，而乐是抒发内心的真情实感，使人相爱相助，礼的功能在于区分，乐的性能在于融合。从社会安定的角度，统治阶级需要用"礼"来推行规范，而老百姓则需要"乐"来交流感情，如果能通过礼乐相辅相成的方式，寓教于乐，则老百姓身心和谐，社会各阶级和睦共处。

可以与孔子"礼乐教化"并论的是古希腊哲学家柏拉图在其《理想国》中论述的"音乐美育"思想。柏拉图认为"善"作为基本教育目标包括真实、美和正义三个部分。为此，柏拉图特别重视儿童的音乐、体育和文艺的结合。他在第三卷阐述："教育就是用体操来训练身体，用音乐来陶冶心灵，教育要先教音乐后教体操，以及故事融合音乐里的诗歌等。"音乐在教育中的功能尤为重要，音乐的"韵律"及"和谐"是触及儿童灵性，唤醒其理智的有效方式。"儿童阶段，艺术教育最关紧要。

一个儿童从小受了良好的教育,使他们的行为优美,使受到正确教养的人具有高尚的灵魂;也因为凡是接受过这种内心的陶冶的人,都能敏锐地觉察出艺术或自然中的遗漏或错误。"柏拉图认为,儿童到青少年时期的认知发育尚不能满足理性的思维要求,因此,培养音乐的鉴赏力,目的是让他们感性认知灵魂之"善",以起到本能地谴责和憎恨"恶"的效果。"善"作为儿童教育的价值核心,是通过艺术、体育等潜移默化的教育手段,培养个体好的审美习惯,逐渐形成高尚的审美趣味,最终达到理性认知"真""善""美"的目的。

世界音乐教育精品《牛津音乐教育手册》科学地论证了两位先贤的观点:"音乐行为包含了许多大脑功能,如知觉(perception)、行为(action)、认知(cognition)、情绪(emotion)、学习(learning)和记忆(memory)。音乐行为由大脑各部分组织通过团队协作的方式来完成。因此,音乐经验的适应性积累和探索能力,将对孩子产生潜移默化的影响。"同时,诗歌、美术、戏剧、书法、体育等素质教育对于个人都具有开发智力、增强审美、提高道德、调整心理等教化作用。

受益于东西方文化在人格教育的干预方法上有着一致的观点,家长、老师在干预孩子、学生个体人格发展的过程中,应充分汲取先哲智慧的精粹,尊重个体的性情,遵从人格教育贯穿生命的长效机制,因材施教,注重不同干预方式对教育客体内在心理状态的影响,少一些标准评判和指责,多给予内心的能量供给,以激发其潜意识中的积极因素,促使其进行主动的自我觉知,帮助其整合多种养分修正行为偏差。值得注意的是,不论古代教育还是现代教育,都极其重视"言传身教"的作用,尤其是在幼儿感性认知的形成时期、儿童探索精神的发育期、青少年自我觉醒的矛盾期……短暂充当干预者的家长、老师,应该以身作则,首先做好自身的人格修炼。也许我们也正处于青年生存奋斗的徘徊期,或中年个体价值的迷茫期,或老年生命退化的恐慌期,我们也需要通过思考心理学、哲学、美学以滋养心灵、调整状态。人格教育永远不是施予,它永存于我们个体的独立生命之中,在自我修行的道路上,认真对待与其他生命交汇的机缘,不论在什么时代,追求"真""善""美"是永恒的方向,成为他人生命中具有积极影响的重要因素,也成为自性生命历程中当之无愧的园艺大师。

二、探索带来勇敢品质

探索未知,是生命历程中最美妙的部分。在未来,能够较快认知并从不同角度探索新知、积极创造、提升价值的人才,会更具备竞争力。探索的路径,有向外、向内两条,家长需要同时兼顾。在本书第一章第三节,我们分享了向外探索可以增加孩子的责任心与成就感,本节我们聊一聊向内探索对培养孩子坚毅、勇敢品格的重要性。

孩子在面对外部环境压力的时候总是会表现出屈从或者反抗,这种压力主要来自家庭权威、社会责任、当下的时代精神对个性表达所作的价值评判。比如,很多家长会不自觉地评判孩子的性格特征,认为社交能力强、沟通能力强、适应性好的孩子就值得褒奖;而谨慎少语、环境敏感、容易较真等内向型特征则被认为是"以自我为中心""不合群""不懂团队精神",是一种缺陷。这样的评价,对于孩子来说是一种压迫性的标签,孩子需要花很长的时间去辨别这种标签是否合理,需要探索自己真实的内在。尤其是在时代与环境发生重大变化的时候,任何外在的评价都足以动摇孩子内心的世界。

　　根据上海市精神卫生中心的统计数据,疫情好转后,很多人尤其是青少年,还处于"情绪感染期",出现控制不住担心自己被不明病毒感染,不敢乘坐公共交通工具,不敢在公共场合拿下口罩,整日忧心忡忡,无法恢复正常的工作、学习状态。

　　2021 年 8 月,《自然》杂志也公布了"长新冠"症状,包括:极度疲倦,乏力头痛,久咳不止,心悸,胸痛,视觉、味觉、嗅觉、听觉失灵,脑雾,记忆力下降,注意力不集中,情绪抑郁、波动,失眠,不明原因身体疼痛……

　　正值青春期的小贝就是这样一个典型的"长新冠"患者。疫情以后常常因为焦虑而睡不着,身体免疫力大不如前,脾气差,还经常和同学、父母起冲突,成绩也大不如前。他也知道这样不好,很生自己的气,但没有办法控制。

　　家长也为此很着急。"同龄的孩子都正常上课了,怎么他就不行?""平时太保护了,现在变得胆小。""太内向了,想法多!"越着急越是口不择言,家长并没有意识到,这样的话不仅对孩子没有帮助,还会让他对自己产生更深的怀疑,对环境产生更大的惧怕。"我今天咳嗽了,肯定是地铁上感染到病毒了。""我晚上发烧了,作业做不完,我不想去上学了。"孩子情况越来越糟,家长越来越急,最后去找学校心理老师咨询。

　　学校的心理老师了解情况后,先宽慰父母,这是很正常的,很多孩子包括老师,都有"长新冠"的症状,只是有的体现在身体上,有的体现在心理上,程度不同、表现不同而已。在精神医学领域,焦虑是一组谱系障碍,可以理解为,在这个焦虑症的大家族里,有好几个兄弟姐妹,包括社交焦虑障碍、惊恐障碍、各种恐惧症、选择性缄默症、分离焦虑障碍、广泛性焦虑障碍,目前小贝的症状已经存在了半年多,长期因生活中的安全、健康、学业等压力而担忧,且夸大了严重性,还伴有失眠、易怒等生理症状,这些特征属于广泛性焦虑。

　　学校心理老师提醒小贝的父母,在知道这个情况时,首先不要过度紧张,因为广泛性焦虑的成因往往包含特定的环境因素,因夸大了环境对自己的影响而引起连锁焦虑反应,这类精神心理疾病是可以通过专业辅导治愈的。

　　小贝的父母听到老师的介绍和分析,了解了原来他们的孩子不是"特例",孩子会出现这样的状况也是在努力适应环境的压力。

"你们需要多鼓励他,给予他更多的安全感,帮助他找到心里最恐惧的问题,并鼓励他消除内心的恐惧。"

在心理老师的专业指导下,小贝的父母回到家,就开始调整策略,为了缓解孩子的焦虑情绪,不再制造外部压力,而是给予他充分的时间自己探索新的相处模式,"就让他按照他觉得安全的步调处理问题""如果他感觉身体不舒服,担心自己感染,我们就主动给他准备维生素和水果,和他一起补充营养,加强锻炼。"大概这样相处了两周,小贝明显感受到睡眠质量提高,也没有那么容易身体不适,在良好的身体状态下,小贝逐渐探索出了克服焦虑心理的秘诀:"就是越害怕什么,就越要说出来,不说出来,我也不知道自己真正害怕什么。比如,我害怕生病了影响学习进度,很多课跟不上,作业写不完,父母会告诉我,每个学生都会生病,谁也不能保证学习期间能够永远保持最好的状态,但这不等于学习无效,要允许自己弹性调整,短暂地休整以后再想办法提高。"

经过一段时间的共同努力,小贝不仅恢复了状态,还比以前更积极主动地去学习。父母说,有了这次经历,自己也成长了不少,学会了新的亲子相处模式。

(笔者根据真实事件改编)

如案例所示,教育的影响远比父母认知的还要久远,孩子的人格也不是片面的、固化的,人格始终处在变化的运动过程中,内向与外向态度在一个人一生中不具备一贯性,短暂的心理失衡也不意味着会一蹶不振,孩子自己存在自我纠正与完善能力,家长的教育方法,需要契合孩子人格成长、心理发育的规律,帮助孩子在面对外在环境压力时向内探索,当他们感到胆怯、迷茫的时候,引导他们找回自己的勇气与动力。

当代德国文化学家斯普朗格指出:"教育之为教育,正是在于它是一种人格心灵的'唤醒',这是教育的核心所在。"

有学者表示,素质教育中,关于人的素质的核心问题不是单纯的知识结构或智能结构问题,也不是单纯的道德品质、政治思想等问题,而是人格特质的问题。一个人的素质像一座冰山,露出水面的容易被人看到的学历和智能只是一小部分,而真正决定一个人能否成功、能否为社会作出贡献的往往是责任感、合作能力、创造能力、情感意志品质和价值观等人格因素。人格是立身之本,家庭教育要培养孩子的"内功",健全孩子的人格,帮助他们行稳致远。

三、感应传递生命能量

法国诗人彭沙尔说过:"有爱慰藉的人,无惧于任何事物、任何人。"爱,是人类给予这个世界最高贵的情感,是人能够获得幸福的"法宝",是团体能够凝聚的链接。

爱,是具体的,也是抽象的。

具体到一个人、一件事、一种动物、一段旋律;抽象到一种感觉、一种境界、一种追求。

有人说,世界上最大的贫穷是爱的缺失。有很多家长提问,为什么孩子总是我行我素,不会体谅别人的心情?为什么孩子总是和其他小朋友发生冲突,人际关系不好?当今社会,随着经济科技的快速发展,几乎改变了一代又一代人的生活方式。饮食依赖饭店、外卖,工作、学习依赖电子产品,休息时则是靠各种电子游戏或短视频打发时间。人与自然越来越疏远,人与人的沟通越来越少,心里的能量越来越弱,真到需要具体去"爱"的时候,却感觉"力不从心"。

人本心理学家弗洛姆在其经典著作《爱的艺术》里说:"爱包含着照顾、责任、尊重与了解……如果缺乏尊重,则责任很容易质变为控制和占有……如果不了解一个人,就不能充分地尊重他,那么照顾和责任都是盲目的。"我们能够给予孩子的全部教育中,不可或缺的就是爱的教育。在漫长的陪伴过程中,身体力行地教会孩子爱自己、爱父母、爱同伴、爱自然,是锻炼孩子敏锐的观察力、感受力、回应力,培养他们如何在关注自己身心平衡的同时照顾周围的人。

日本作家辰巳芳子在《生命与味觉》一书中为年轻人的生存感到担忧,她说当代的孩子能够感受的爱太少了——来自自然的、来自家庭的、来自陌生人的,都太少了。因为感受的少,积累在体内的感应力就少,在需要的时候能够调用的情感资源也就更少。"实际上,'感觉'和'感应'的意思还不同。感觉指的是'感觉器官在被刺激后得到信息',而感应指的是'受到外界的刺激,心灵得到深刻的感动'。仅是看和听与积累感应,两者之间对待生命存在的方式大不相同。"与人工智能时代许多人执着于追求准确性的理念不同,她主张:"人生在世,如果遇到不如意的事,比如海啸、地震、生命受到威胁,还是有必要依靠直觉来面对。"

我们该怎样锻炼和培养孩子的感应力,帮助他们有能力去"爱"呢?

第一,丰富孩子对环境的感知。现在城市的居住环境几乎离不开空调,出行更是以车代步,一些条件好的家庭,甚至居住办公的环境常年保持"恒温恒湿",殊不知,这样的"保护"让孩子长期处于非自然的人工环境,不仅对他们的身心健康不利,还会限制他们的认知。正如《庄子·秋水》所说,夏虫不可语于冰,井蛙不可语于海。体验夏日的大汗淋漓,冬日的寒风凛冽,不仅是让孩子了解四季轮回对人体与自然的影响,更是启发其对"人间冷暖"的深层感应,只有知冷知暖的人,才能体恤他人冷暖。同理可推,自然万物,眼耳鼻舌,一切感官、感受、感动、感知,都可以被赋予生命教育的意义,家长要做有心人,才能激活孩子的"触角",激发内心的生命动力,不断提高其对环境的理解力。

第二,锻炼孩子对他人的感应力。在现代社会里我们会发现一个现象,很多孩子长大成人步入社会以后,他们的人际关系特别容易出问题。社会教育的发展,孩子的理解力、执行力、规划力、分析力等都普遍比十年前、二十几年前的孩子更强,但是,对他人情绪的感受力、调节力和统合力却大不如前,很多家长都感受到这种情感代沟,甚至说出"等我老了,也指望不上孩子"这样的丧气话。其实,家庭教育的成效是可以通过孩子如何对待父母进行检验的。好的家庭教育,可以让孩子情绪表达通畅、情感回应及时,但缺乏情感沟通的家庭,孩子则表现得冷漠,即使想要关心父母也不知如何表达。在家庭生活中,主动向孩子表达真情实感,有助于孩子建立情绪档案;和孩子互诉衷肠,有助于孩子表达内心所想、照顾他人感受;关注孩子在社交活动中的表现,引导他们分享和不同的人相处的心得,有助于培养孩子对他人的尊重。

爱,是教育的灵魂,家庭教育中的爱,是细腻的、无声的,潜移默化又渗透人心。家长应教会孩子如何感受与回应,教会他们如何去爱。

四、为单纯的事物欢欣

伴随着孩子的成长,会有越来越多的"标签",在校时期的"好学生",考入名牌大学的"天之骄子",毕业以后找到好的工作"有出息"……这些浓缩着家庭教育与个人付出的成果固然是值得欢庆与骄傲的,但同时,不要忘了我们的"初心"。

修养,是人格养成的重要成果,古往今来,多少圣人、哲人以修养成就美名，笃恭修己而生睿智，如二程所体现的理学风范；安贫乐道而润身，如孔子、孟子、曾子、颜回等代表的士大夫精神；观物闲吟而神怡，如陶渊明、李白、苏轼、陆游等展现的人生意趣。中国传统文化中，对个人修养有"至真、至纯、至善"的追求，讲的就是我们要像呵护婴儿一样保护好自己内心的纯真。《南怀瑾与彼得·圣吉：关于禅、生命和认知的对话》中提到，人生的经验越多思想越顽固，越受"污染"，要想恢复儿童时的那种天真活泼，就非常困难。真正的修养，是把自己恢复到儿童阶段的活泼天真，那就干净了。如果修养恢复到那个阶段，也就不怕衰老，脑筋尽管老化了，但是智慧反而增进了。

面对激烈的社会竞争，我们需要教会孩子更多的生存知识与技能，但更希望孩子过得幸福。

汪曾祺曾说，经历过风雨，仍能弄文浅酌泼墨，必是深爱这人间的。沈从文说，生命单纯庄严处，有时竟不可仿佛。有一颗能为一切现世光影而跳跃的心，就很够了。我们的心总得为一种新鲜声音、新鲜颜色、新鲜气味而跳。朱光潜说，万物有灵且美，刹那间自有终古，微尘中自有大千。此时、此地、此身，像草木虫鱼一样，顺着自然所赋予的本性，探寻至真、至善，走过至美的人间。

生命的美在无言之处，在细微之处，似水年华，让孩子体会更多来自平凡生活的意趣，体悟来自人间烟火的欢欣，让他们活得自在从心。

第三节　人生是个大舞台

古希腊哲学家爱比赫泰德说："我们登上并非我们所选择的舞台，演绎并非我们所选择的剧本。"这句话乍听之下，似乎是在感慨人们无法与既定的命运抗衡，但另一种励志的解读是，不论我们的出生环境、教育条件、父母状态如何不同，我们都有扮演好自己人生主角的责任与能动性。

中国传统戏曲艺术流传至今，成为世界文化的瑰宝，不仅仅是因为其音乐美妙动人、表演出神入化，更因为中国戏曲艺术的灵魂——在启发个体生命意识和维系个人与"家国天下"的互动关系中起着至关重要的作用。"戏台小天地，天地大戏台"这样富有哲理的戏曲楹联，更承载着借古喻今、寓教于乐的大智慧。

一、扮演好各自生命的角色

回顾本书序言，家庭教育的目的是通过教养关系中的绝对信任，帮助孩子在一次又一次的小挫折中，锻炼出强大的生存能力，而这种生存能力，既有思维上的，也有生理上的，更有心理上的，在长期的教养关系中完善这些孩子必备的综合能力,以保证他们有一天脱离照看,仍然能够独立、幸福地生存下去——这就是每一位家长的使命。

所以说,家庭教育是人格教育中的重要过渡过程,在以家长为主导的家庭教育下,孩子终要成为自己人格教育的第一责任人,朝着自己的人生目标继续前进。

孩子的人生是自己的,而非他人的。家庭、学校、社会在孩子独立的整个过程中,始终都是有效的干预因素,扮演重要的启蒙者、引领者、陪伴者的角色。所以,家长不能因为自己的"爱"而控制孩子的发展。

小孟34岁了,是一位医生,未婚,前不久刚和男友分手,心里很苦闷,再加上工作压力大等因素,产生了失眠和情绪波动大等问题。因为职业习惯,她敏感地意识到需要一些专业的意见帮助自己调整状态,便主动和心理咨询师进行沟通。

心理咨询师了解了大致情况后,从小孟和男友分手的原因开始梳理。小孟坦言,自己和男友交往了五年,但是始终没有获得双方父母的认可,这给他们带来了很多苦恼,五年来每次提这件事,都会闹得很不开心,这次分手,也是因为小孟想在自己妈妈生日那天带男友去,结果不成功,最后不欢而散。

心理咨询师耐心地听完她的诉说,表示不理解,双方个人条件都很好,已经有各自的稳定工作,经济独立,为什么父母会不支持呢？

小孟说，自己的父母很看重对方家庭的文化水平和稳定性（女方父母是高级知识分子，而男方父母是做生意的），而男方的父母又认为找结婚对象最好年龄小一点、工作清闲一点、能够早点生孩子（女方比男方大 2 岁）。

心理咨询师问道："那你们和父母沟通过吗？"小孟表示，男友为了和她在一起，积极主动地独立创业，还取得了成绩，可是这一切在他的父母那里始终都没有起到作用。而她自己也反复和父母沟通，还制造了很多场景让男生好好表现，获得父母的认可，但每次都以失败告终。"我母亲总觉得他不成熟，还背着我偷偷和他谈话；而他父母更难沟通，谈恋爱这么多年了，我都没能见到他的父母。"

心理咨询师感觉到她的悲伤，宽慰道："其实这也不能完全怪他或者怪你，听上去你们都是很重视家庭的，尤其在意父母的态度，而在这件事里，双方父母的参与程度都非常高，你们两个一定感到很无力。"

小孟一边流泪一边表示是的，其实分手前，他们坦诚聊过这个问题，都不想因为这个原因，影响自己和父母的关系，因为他们都是从小接受良好的家庭教育的乖孩子，以后的生活不管是经济上还是生活上都还需要父母的帮助，所以，实在不能不尊重父母的意见。

　　心理咨询师听完她的解释，表示很理解，也很认同她如此周全地为双方父母考虑。感受到她的情绪波动，心理咨询师开始转移话题："看样子你和你父母关系一定很好。"

　　"其实不好说。我初中、高中就一个人到外地去读书了，住校的那种，那时候我爸爸妈妈都很忙，也没有微信，就每周打电话，汇报一下学习情况、生活情况。因为我父母都是老师，我对他们一直很敬重，所以我自律性挺强的，环境适应能力也不错，也就不需要那么多的关心。"

　　"这和你们现在的家庭关系好像不太一样。"

　　"是的，我其实挺独立的，尤其是工作、学习和生活上，基本不依赖父母。"

　　"是从什么时候开始发生变化的呢？"

　　"近几年吧，我父母退休了，搬来上海住，离我家还很近，他们希望多多照顾我，觉得我很辛苦。"

　　"这是一件好事，让你生活更轻松，工作更投入。"

　　"有好也有坏，因为我习惯了自己生活，有一些生活习惯和他们不一样，然后我妈妈就会说读书时候管我管少了，导致我一身毛病。另外，也会特别关心我的感情问题，就拿这次我分手来说，她比我还紧张，总要宽慰我，还要马上给我找新的男朋友。"

　　听完小孟的描述，心理咨询师感受到，她内心对父母介入自己生活的紧张不适与情感纠结。"你很在意你妈妈的评价。""当然了,她和我爸爸都是我心里的权威,从小到大,说什么都是对的。""所以,你在感情上,似乎也很服从他们的意见。"小孟沉默了一会儿,说:"是的。"

心理咨询师很快发现,问题的核心并不是小孟和男朋友的问题,而是小孟和她父母的关系。真正让她伤心的,并不只是和男朋友分手,而是在父母这里,她自己的个人意愿和父母的意愿产生了严重的冲突。

"你有没有想过,你已经成年了,你和你父母的关系其实产生变化了。"心理咨询师建议小孟,下次带父母一起来。

第二次,小孟的父母和小孟一起来见心理咨询师,他们都彬彬有礼,主动向心理咨询师问候,小孟则乖巧地坐在一边。"感谢你帮助我们的女儿。"父亲先开口,这让心理咨询师感受到了一种权威感。"我女儿很优秀,就是小时候我们不在身边,关心少了。"小孟妈妈则是"总结"起了问题。心理咨询师近距离体验了小孟的处境,向他们表达了自己的意见。小孟已经成年了,34岁,而且是一名优秀的医生,这些都是父母教育的成果。虽然读书时父母陪伴少,但因为家庭教育注重父母的榜样作用与孩子的自驱力,小孟成长得特别好,所以父母不用产生"自己做的不到位"甚至要弥补的想法。小孟在这次的恋爱中,其实非常重视家庭的意见，这其实是对父母的敬爱，是一件好事，而且小孟的前男友也对自己的父母有着同样的责任心，这其实是一件好事，年轻人客观地分析了不能在一起的问题，虽然可惜，但其实处理得很成熟，父母可以放心。心理咨询师建议，父母现在退休了，可以多多出去旅游散心，给予小孟更多独立空间和时间消化这段感情，也鼓励他们互相信任，相信在他们这么好的家庭氛围里小孟会找到更适合的另一半。

经过心理咨询师的梳理，小孟的父母也明白了，自己作为教育工作者习惯的责任心、关心、指导，对从小把父母当作榜样的小孟而言，无形中增加了她的内心压力。

"希望你们能像三重奏一样，重新调整一下各自的旋律线。"心理咨询师在结束咨询的时候给予了他们美好的寄语。

（笔者根据真实事件改编）

人格教育是贯穿一个人生命始终的，在这个过程中，学校、家长都扮演着不同的角色，起到重要的作用。学校是孩子人格的重要培养基地，因为人格教育的目的之一是促进个人与社会的和谐共处，而成熟人格的标志必须包括团队精神和社会实践能力；家庭是人格教育的核心，人格教育中最为隐秘的个性发展与自我意识的形成都来自家庭，父母对孩子的心理成长负有永久责任。两股力量汇聚交织,最终促成孩子成长、成熟,进而完成自我的不断完善与提升。

二、培养更大的格局观

爱因斯坦说过:"一个人智力上的成就很大程度上取决于人格的伟大,这一点往往超出人们通常的认识。"以不朽人格成就人类文明之伟绩的故事千古流芳,当孔子在嘲讽和质疑中周游列国,用不计后果的勇气与家国天下的担当为后世儒生篆刻下了"天下有道"的誓言;当苏格拉底面对两次裁决他死刑的希腊民众,以慷慨激昂的演讲与面不改色的气魄为西方哲学家们树立了"永不言弃"的榜样;当王阳明在龙场驿克服生死之忧,凭超然物外的决绝与孜孜不倦的求索为五百年来的社会进步留下"知行合一"的成功秘笈;当贝多芬深陷残缺与孤独的命运,却以坚毅自由的意志和博爱真挚的热望为人类谱写出众生平等的《欢乐颂》……

这些个体的人格成就,远超时代给予的评价,他们一生怀抱理想,将个人的命运与人类文明的进步紧紧联系在一起。透过历史故纸,我们仍因那个发光的群体魅力而心潮澎湃,他们的精神力量兴国安邦,延绵不绝,为人类社会的进步提供了不可估量的非物质能源。

在古今中外的教育理念中,让少年树立更远大的志向,具备更大的格局,让人生走向更为崇高的境界,一直是家长和老师为之努力的目标。

针对当下年轻人与社会的关系这一话题,扎克伯格在哈佛大学毕业典礼上的演讲,提出了三点具有展望意义的思考:其一,新一代年轻人在找到个人的成长目标后,还应更多地放眼他人和社会;其二,这一代人将面临的挑战,恰恰是要帮助更多人实现目标、共同前进,每个人的使命感将成为社会持续进步的推动力;其三,共同努力建立一个有沟通、有连接的世界,需要我们每个人从我做起。这三点,恰好点出了未来人才的重要属性——格局观。

格局不仅仅是伟人、政要、企业家应该具备的人格特征,每个人都应该拥有大于自身处境的格局。为什么?因为它可以帮助我们看得更全面、走得更远。同时,当人人都以更大的格局思考行事,才能为实现更好的世界格局打下坚实的基础。任何足以撼动全世界的大事也由微小的事物汇聚而成,格局是可以通过日积月累的前瞻性思考培养出来的。

首先,家长要帮助孩子做好人生的规划。不仅仅是现在读什么书、做什么工作,想得更远一些,孩子想成为什么样的人?想要过怎样的人生?想取得什么样的成就?想对社会作什么样的贡献?然后反过来引导孩子思考,他该怎么做。比如,孩子现在还只是一名小学生,可是他的梦想是遨游太空,大部分家长以为只是个玩笑,也就不了了之。其实,家长这样做更好:帮助孩子分解成为宇航员的阶段性目标,反推现在应该如何保证身体健康,如何学习必备知识,如何安排课堂与课外实践。在家庭教育中,孩子一旦有了对未来坐标的定位,就有了时间规划、科学路径和实施方案。告诉孩子,不用担心梦想的遥远,没有人从一开始就知道如何做,想法并不会在最初就完全成形。家长与孩子一起部署,属于自己的梦想才能在孩子的心中变得可以触摸。

其次,要培养孩子对事物的动态分析能力。永远保持一种对所处环境与事态的关心,是这个时代赋予我们每个人的社会责任。无论身处怎样的境地,都要站在多个角度去分析问题,有利于我们掌握事态发展的全貌,从而给出较为妥善的处理方案。企业为了解高层管理人员的格局,有时会制造一些特殊困境,有的人能预测事情发生后未来几种变化并给出预案,有的人则只能看到眼前发生的具体问题;有的人能兼顾事态中方方面面的主次关系,有的只能解决一种矛盾。不要因为自己孩子还小,就不去锻炼他的能力,优秀的格局观完全可以培养,改变就源于点滴的积累。家长要做一个有心人,关心孩子身边的人和事,在下一次孩子采取惯性行动之前,教会孩子多换位思考,设身处地代入每一个重要角色,即可比原来站在单一角度思考多一份对事情发展脉络的清晰认识。虽然,仍会有孩子无法掌握的信息,以及各种各样的原因导致事件处理不当,但通过冷静地事后复盘,能为孩子将来遇到相同情况时更好解决问题提供宝贵经验。这样训练的目的,是在孩子内心逐渐建立起一个高效运转的"事件情报分析网络",通过日复一日地锻炼,使孩子成长为面对复杂问题也能应对自如的高手。

第三,培养家国天下的情怀。所谓家国情怀,就是一种自觉地将个人命运与国家命运紧密相连的共同体意识。家国情怀是中国人一种深层次的文化心理密码,是个人对家园和国家的一种高度认同感、归属感、责任感和使命感的体现,寄托了对太平盛世、长治久安的祈盼与追求。新时代新征程上,心怀家国天下之情,就是将利己与利他有机统一,可以在局部与全局问题上坚定意志,能将个人价值融入社会与国家的发展需要。让孩子明白,当个人与家庭、国家、民族、世界有机结合,当个人的智慧和热情融入社会,便如同涓流入海,每个人闪亮的生命将在浩瀚无垠的蔚蓝海洋得到最好的升华。

三、台上一分钟,台下十年功

人生就像一场马拉松,不积跬步,无以至千里,我们身处一个飞速变化的社会,人们关注的是成果,却忘了通向成果的脚步才是最可贵的。大浪淘沙,淘去的往往是半途而废没有坚持下去的人。在孩子进入社会之前,家长有大约 20 年的时间,教会他们如何培养自己的耐力、稳定性和持久性。

郎朗是当今中国乃至世界最著名的音乐家之一,他是第一位受聘于世界顶级的柏林爱乐乐团和美国五大交响乐团的中国钢琴家,获得古典音乐类多项权威奖项。

　　看起来他的成功好像一帆风顺，但其实他也曾被质疑过、嘲笑过，也曾沮丧过。9岁那年，为了让他的爱好有更好的发展，郎朗的父亲放弃了热爱的工作，陪他到北京中央音乐学院学习钢琴。

　　当时的郎朗虽然还小，但他非常懂事也非常刻苦，除了学习文化课外，每天都坚持练琴8小时以上，一段时间后，他已经能熟练地弹奏柴可夫斯基的《第一钢琴协奏曲》。正当他沉浸在进步的喜悦中时，一天晚上，居委会的大妈气冲冲地敲开了他家的门，为了表达邻居们的不满，她毫不客气地对郎朗说："你不要再弹琴了，你的琴声实在太吓人了，你以为你是谁呀！学琴的人多的是，你看有几个人能真正成功？"不仅如此，在学校里，许多同学都瞧不起他，更令他难受的是一位钢琴老师也泼他的冷水："你还是回老家去吧，以你这样的资质，再过一百年也不能成为一名钢琴家！"他心灰意冷地回到北京的出租房里，哭着对父亲说："我讨厌北京，讨厌钢琴，咱们回家吧，我再也不学钢琴了。"

　　父亲听后，把他带到公园的一片树林前，指着其中一棵树说："之前曾有不少路人对它指指点点，说它平平无奇，没有什么观赏价值，还有人说它不久就会枯死，根本不会长大，可是不管别人怎么说，这棵树就自顾自地生长，每天照样吸收阳光雨露，从土里吸取营养。你看现在,它长得枝繁叶茂,郁郁葱葱。"父亲顿了顿,接着说:"做人应该像树那样,不要在乎别人说什么,也不要抱怨命运不公,你只管自己生长,当有一天你芬芳馥郁的时候,别人自然就理解你了。"

从那以后,他一心一意地练习钢琴,不管别人怎么打击他、讽刺他,他始终坚持自己的梦想,数十年如一日。谁也没想到,八年后,当初这棵毫不起眼的小树苗,长成了一棵参天大树,年仅17岁就享誉全球,万众瞩目。

机会从来都是留给有准备的人。17岁的郎朗就是抓住了一次替补的机会参加拉维尼亚音乐节,从此打开了通向世界的大门。

那次活动中,他是音乐家安德烈瓦茨的替补。考核郎朗的是指挥大师艾森巴赫。艾森巴赫是大钢琴家,对音乐的要求也很严苛。

考核在一个小剧场的演奏厅进行。本来,说好只给郎朗20分钟的时间,因为大师很忙后面还有排练。可是2个多小时过去了……乐团团长来找大师,问他为什么忘了排练的事。

"啊?我完全把排练的事给忘了。"他指指郎朗,"你问问他吧,是他让我忘了排练。"

大师请团长一起听郎朗弹,并对他说:"你看,我发现了一位天才。"

这次考核后,郎朗从第六替补变成了第一替补。戏剧性的是,音乐家安德烈瓦茨在演出当天发高烧,郎朗作为他的第一替补参加了演出。他的正式排练只有一天,但他还是背下了乐谱。

正式演出的那天,演出棚里5 000人的座位座无虚席。演出棚的外面,公园里、草坪上有25 000人之多。

斯特恩先介绍格拉夫曼,然后介绍了郎朗,他说:"郎朗来自中国,你们将从这个17岁中国男孩的身上,听到全世界最美妙的声音。"

郎朗出场了,与芝加哥交响乐团合作。他弹的是柴可夫斯基《第一钢琴协奏曲》。演奏刚一结束,每个人"腾"地全都弹了起来。观众全体起立,给郎朗鼓掌,雷鸣般的掌声,演奏棚里沸腾了,一次又一次谢幕。这是郎朗职业生涯中的第一次辉煌,是第一次和世界十大乐团合作,也是郎朗职业生涯中第一个胜利之夜。

斯特恩祝贺郎朗说:"以后古典音乐就看你的了。"在第二天的芝加哥报纸上,郎朗得到了音乐界认可,一战成名。他曾在多个世界瞩目的海内外重要场合进行演出,包括北京奥林匹克运动会开幕式;2010年上海世界博览会开幕式、美国独立日庆祝活动、英国女王钻禧庆典庆祝活动、法国国庆庆祝活动等。2013年10月28日,联合国秘书长潘基文在纽约联合国总部为中国钢琴家郎朗佩戴上象征和平使者的胸针,任命郎朗为关注全球教育的联合国和平使者。郎朗成为联合国第 12 位和平使者,这是历史上最年轻的和平使者,也是第一位成为和平使者的中国人。2015 年 11 月 21 日,郎朗的专辑《莫扎特》获奥地利白金唱片认证;2016 年 7 月 12 日,郎朗获得"世界杰出华人青年大奖";2018 年 9 月,郎朗获得"利兹大学音乐荣誉博士"称号。

(笔者根据真实报道节选)

爱迪生说过,天才是百分之一的天分加百分之九十九的汗水,任何天分都需要努力来浇灌才能开出美丽的花朵。在郎朗的艺术道路上,我们看到了很多平凡孩子遇到的困难,如果他没有扛过专业老师的打击,他就会半途而废;如果他不时刻保持大量曲目的滚瓜烂熟就不可能有那个替补的机会。当人们在舞台上认可他的时候,其实他已经为此默默付出了许多年。希望家长们帮助孩子找到自己真正喜欢的事情,执着地坚持下去,以十年磨一剑的精神,成就自己的辉煌!

四、秀出我的精彩

家长在一起讨论孩子的话题时,总是会说"他这方面不行""没有张三家的孩子好",而每个孩子都有个共同的假想敌,正是爸妈嘴里那个别人家的孩子。作为父母,可能比忽视自己的弱点更难的,就是忽视孩子的弱点。

为什么会这样?研究表明,家长们长期受到"木桶理论"的影响,执着于弥补孩子的短板,担心孩子因为自身短板在激烈的未来社会竞争中被淘汰。比如,有些孩子还没找到学习方法,但是喜欢文艺方面的活动。爸妈拼命地给孩子补课,让他们没有时间去做自己热爱的事情,没有空间让孩子发挥特长,自信心严重下滑。

木桶理论也被称作短板效应,这个理论最早在企业管理中提出,一个公司盛多少水取决于最短的木板,水即是成就,公司主张通过弥补短板的方式来盛更多的水,以此提高效益。在教育水平相对落后的地区,木桶理论成为全面提升学生素养的一种很好的理论依据。但伴随着时代的发展,普遍的素质教育成果下,新的竞争赛道不再是比常识、比基础了,更需要的是个性特长的发展、与众不同的表现。

高中生小娅,从小接触书法、绘画、舞蹈、钢琴等非学科类艺术教育,家长并不希望给她过多压力,也没有提出要往艺术专业发展的期望,因此,小娅仍然以文化课为主,在学习上很认真用功,是个全面发展的好孩子。

但不幸的是,正值高二的时候,因为一次体育课上用力不当,小娅得了急性阑尾炎并进行了手术。半个月的休养病假,让小娅很快跟不上班里复习的节奏,高考在即，平时样样都好的她，感觉样样都不如人，再加上术后体虚，于是产生了悲观情绪，一改开朗的性格，变得郁郁寡欢。

父母看在眼里，急在心上，客观讲，高中的复习节奏非常快，一个月跟不上就会落后同伴一大截，更何况，小娅的身体状态不好，根本经不住日夜苦战的迎考。怎么办？

小娅的父母一边让女儿静心调养身体，一边向高校的各个老师咨询，想为女儿谋一个好的发展方向。这时候，一位曾经教过小娅钢琴的老师说，你们为何不充分利用她的艺术特长，转战艺术类高考呢？以她的艺术功底，相信一定能脱颖而出考上很好的学校，以后就业也可以做艺术老师。

这个方向，是全家都没有想过的，经过三天的深思熟虑，全家都认为与其坐以待毙，不如积极应对。

在小娅认真备考转专业方向的过程中，家长很快发现，在人生的进程中，一些早期奠定的感性认知基础，如武侠小说描述的尘封在体内的内功一般，会在一定的外界刺激下，作用于个人特殊时期的言行表达甚至意识思想。首先，因为小娅在学龄前就学习钢琴，阅读、看谱、左右手协调运作机制在进入学校之前已经潜移默化地培养出来了，因此进入学校以后，认知、理解、记忆等方面比一般学生好是自然而然的,平时也没有太注意,而这次突如其来的转变也凸显了女儿对新专业、新方向的领悟力与协调力都比一般高考生要强。其次,由于从小学习钢琴、舞蹈过程中,需要不断地重复练习,一首作品的完整演奏,需要历时数周的反复练习与纠错,才能在状态良好的情况下达到完美的演奏效果,这实际上是一种长年累月的挫折训练与毅力培养;这次遇到了这种难以克服的问题时,发现由于小时候锻炼出来的强大耐压力,小娅仍然可以保有充足的能量去积极追求人生目标。

有了这些过程中的积极信号,小娅的父母也对这次转变方向充满了信心,原来孩子的特长如果发挥好,在关键时候是可以改变人生的。后来小娅顺利考入了中央音乐学院,并在毕业后成为了一名优秀的音乐教师。每每回想起高二那个重要的转折时刻,全家都会感到幸福与骄傲。

(笔者根据真实事件改编)

现代管理学中的长板理论(Strength based development)在近几年受到追捧,意思是聚焦你的优势,并找到能发挥你优势的学习方向,不断强化你的优势。这一教育理念最早是由美国哈佛大学教育专家提出的,逐渐被世界各国接受、推广。

据统计,全世界"优势教育"最为薄弱的有两个国家——

中国和日本。我们的教育重心放在如何帮助孩子弥补短处，而不是发扬长处上。著名教育心理学家霍华德·加德纳教授为了突破传统智商的单一性，创建了八项多元智能理论（语言、音乐、逻辑、视觉、身体、自知、交往、自然观察），本意是告知父母每个孩子都有自己智力方面的突出优势，只是不一定都体现在"数理逻辑"和"语言"这两项常见的智力领域。多元智能理论成为 20 世纪 90 年代以来许多西方国家教育改革的指导思想之一。然而，当这个理论传播到中国时，得到的反应却让加德纳始料未及。中国的父母们说，原来一个人要全面发展，有八项考核指标，那我得看看怎样让我的孩子在这八项上都达标。完全忽视了尊重孩子特点的重要意义。

人工智能等信息技术快速发展的智能化未来社会，普遍的知识获取、信息存储、逻辑运算等都将被替代，如何发挥好孩子最大的潜能，在未来社会中掌握竞争优势？这需要家长深谋远虑、深度思考。

正如舞台上，主角往往只有一两个，而配角、群演、场务、道具师，都在不停地分工配合，撑起了一整场演出。一个人永远不可能同时唱主角又做配角。人生舞台也是一样，能让我们大放异彩的，往往只是一两个特别之处，其他的学识、素养、能力都是起支撑作用。家长不能指望孩子唱念做打十八般武艺样样精通。

寻找孩子的天赋，培养孩子的特长，鼓励他们在千锤百炼中，发挥自己独有的人格魅力，在人生这个大舞台上绽放光彩。

人物介绍

　　霍华德·加德纳（Howard Gardner），是世界著名教育心理学家，最为人知的成就是"多元智能理论"，被誉为"多元智能理论之父"。现任美国哈佛大学教育研究生院心理学、教育学教授，波士顿大学医学院精神病学教授。任哈佛大学"零点项目"研究所主持人，专著超过 20 本，发表论文数百篇。超过 20 所大学颁给他荣誉学位。《纽约时报》称他为美国当今最有影响力的发展心理学家和教育学家。

称心如意

——让家庭教育成为情感的链接

少年时期的主要任务是学习。学校是青少年学习文化科学知识的主课堂，但是家庭才是他们人格形成的第一课堂，父母才是他们人生的第一位老师。此外，要塑造健全的人格，还必须适时了解社会、适应社会。为了担负起第一位老师的职责，年轻的家长一定要掌握寓教于乐的教育方法，对孩子们进行循循善诱的引导，让他们潜移默化地形成健康的心理，以便将来顺利地融入社会，成为一个有益于社会的人。

本书拟通过阐述德育、美育、劳育在中小学生心理意识形成中的重要意义，指导家长在学校课堂教学以外，合理利用身边资源增强学习氛围，如参与运动、艺术、烹饪、种植等社会实践，参观博物馆、美术馆、历史遗迹等课外活动场所，丰富学习方法，提高生活乐趣，于无形中提升孩子的学习兴趣、探索精神、责任意识，起到调节情绪、启智增信的教化作用。

全书通过三章九节的设计，分设不同场景下目前社会常见的家庭教育形态，以"原理＋案例"的形式，引导家长体悟生命的本质和家庭的意义。要特别说明的是，本书中的案例一些来源于生活，一些来源于与专业心理咨询师、学校心理教师、心理专业学生的交谈与采访，为了避免泄露他人隐私，均经过合理改编。

为了让更多家长理解常规的心理学原理并能应用到家庭教育的实际场景中，本书为家长梳理介绍了十多位在积极教育、心理健康领域颇有威望的名人观点，也尽可能地阐述了这些观点在当下教育中的意义，因篇幅原因不能展开，希望家长能在本书的引导下，进行相关拓展阅读，这有助于建立更为全面的教育心理学体系，帮助大家运用更多的资源改善家庭关系、提升孩子学习兴趣。

激发孩子快乐本能，将"寓教于乐"的教育理念贯穿于生活、学习、待人、处事等各方面，让学习成为家庭快乐的源泉，让教育成为情感的链接，从而培养其强大的自我调节与自我完善能力，让他们在自我成就中快乐成长——我想这也是家长的夙愿。

后记

在 2017 年"中国好书"的颁奖典礼上,学者金冲及先生接受主持人白岩松的访谈,谈及自己心中好书的标准。他说,一本好书首先应该是它的内容非常重要,读者需要知道,而原来并不知道,作者能够把这件事讲清楚,为读者解惑、解疑;第二是要讲得准确、深刻;第三是要让读者看得懂,能够看下去,甚而能够感动他,提升他的认知。

金先生的这段话,对我的触动很大。因此,在接受这项主编的工作任务时,我就希望能够与各位作者一起努力,从理论与实践两个层面与读者分享我们的思考;期待把有关家庭教育的理论介绍给各位家长和同学,让他们在面对困惑时能够自我找寻,自我发现,自我总结;同时,也希望通过对诸多案例的分析,唤起各位读者的共鸣,使得大家真正意识到青少年心理健康教育的重要性,进而通过共情的过程,学会处理青少年的心理问题,解决各种心理冲突。

　　有鉴于此,在组织书稿时,我设想这些图书充分尊重中小学生不同时期的生理心理特点,希望为孩子和家长提供心理健康建设的理论滋养和认知自我的科学路径,帮助青少年读者建立"内省—接纳—学习—纠正"的心理调节机制,从而构建强大而丰富的内心世界。目前本丛书已经顺利完成,经过出版社编辑的精心加工,即将与各位读者见面。

　　在此,首先要感谢上海开放大学王伯军副校长。除了这套丛书之外,王副校长主持策划了多套市民教育、家庭教育、生命教育的丛书,对上海的终身教育做出了巨大的贡献。作为这套丛书的总策划,在多次听取调研报告的基础上,王副校长最终确定了本丛书的选题结构与基础框架。其次要感谢上海开放大学非学历教育部部长王松华,他们自始至终深度参与了本丛书的策划工作。再次要感谢几位作者的大力配合,在经过多次线下、线上会议的讨论之后,她们夜以继日、埋头创作,最终以各自的作品为我们提供了有关青少年心理健康问题的深刻洞见,并在此基础上提出了心理健康问题的预防与干预方法。最后要感谢上海远东出版社的编辑团队,感谢他们为本丛书的出版提出了极具专业性的建议,付出了辛勤的劳动。

　　期待读者朋友们喜欢这套丛书,并能够通过亲子共读,更好地了解彼此,理解彼此,让生命之花绽放出最美的姿态。

孙　晶

2023年秋于上海